AMOEBA

阿米巴经营

成为一名合格的巴长

王安鑫　赵峰　梁颖　著

企业管理出版社
EMPH
ENTERPRISE MANAGEMENT PUBLISHING HOUSE

图书在版编目（CIP）数据

阿米巴经营：成为一名合格的巴长 / 王安鑫，赵峰，梁颖著. —北京：企业管理出版社，2021.1

ISBN 978-7-5164-2212-0

Ⅰ. ①阿…　Ⅱ. ①王…　②赵…　③梁…　Ⅲ. ①企业经营管理－研究　Ⅳ. ①F272.3

中国版本图书馆CIP数据核字(2020)第164323号

书　　名：阿米巴经营：成为一名合格的巴长

作　　者：王安鑫　赵峰　梁颖

责任编辑：于湘怡

书　　号：ISBN 978-7-5164-2212-0

出版发行：企业管理出版社

地　　址：北京市海淀区紫竹院南路 17 号　　　**邮编：**100048

网　　址：http://www.emph.cn

电　　话：编辑部 (010) 68701661　发行部 (010) 68701816

电子信箱：1502219688@qq.com

印　　刷：北京七彩京通数码快印有限公司

经　　销：新华书店

规　　格：787 毫米 × 1092 毫米　16 开本　7.75 印张　86 千字

版　　次：2021 年 1 月 第 1 版　2021 年 3 月 第 2 次印刷

定　　价：39.00 元

序

本书的论述从阿米巴经营的角度出发。企业经营需要哲学，人生经营同样需要。每个人都想获得幸福，希望自己的人生非常精彩。要活得精彩、获得成功，其实是有秘诀的。

这个秘诀就是稻盛和夫的人生·事业成功方程式：

人生·事业成功=正确的思维方式×热情×能力。

本书正是以这个方程式为基础进行详细阐述。

这个方程式中，正确的思维方式、热情和能力都可以用分值来表示，正确的思维方式评分为−100~100，热情的评分为0~100，能力的评分为0~100。

能力，指才能、智力，包括身体素质等。能力有先天的因素，但更多是可以后天培养的。热情，指完成任务或从事某项工作的激情程度或努力的态度，这是可以控制的后天因素。这几个因素之间是相乘的关系，绝不是加法。通过相乘计算我们会发现，思维方式不同，人生和事业的结果就会迥然不同。也许有人会认为“有一丁点消极的想法没关系”。可事实是，哪怕只有一点负面的想法，几个因素相乘的结果就会变成负值，并且，当思维方式为负值的时候，越是热情足、能力强，就越会造成更负面的结果。如果是带领团队的领导者或经营者，那么造成的负面结果就是不仅把自己，也会把周围的人都带入不幸。

如果对这三个要素进行重要性排序，第一是正确的思维方式，第二是热情，最后才是能力。实践也证明，能力并不是我们想象中那么重要，在工作和生活中，我们经常走进误区，认为胜任一个岗位、一份工作，能力是最重要的。而事实证明，能力是可以快速培养的，你拥有的能力，别人也可以很快拥有，也就是说，能力并非核心竞争力。不容易被复制的是我们的思维方式和我们的热情，这二者是别人无法通过简单学习拥有的。

总结起来就是，人生和事业能否成功，能力或许占很大的比重，但思维方式发挥着更重要的作用。我们说，思维方式决定人生和经营！

在稻盛和夫看来，原先“只要自己好就行”的、利己的“思维方式”，应该成为“为客户”“为伙伴”的、利他的“思维方式”！善的“思维方式”不仅能唤起自身努力的“自力”，而且能唤来周围人给予援助的“他力”。稻盛和夫发现，正因为热情和能力这两个要素的关系不是相加而是相乘，才造成了难以想象的巨大差距。至关重要的是，热情和能力的乘积，还要与思维方式相乘。可以说，思维方式就是人生观，是判断基准，是人的思想和所持有的价值观。

这本书的三位作者都是阿米巴经营模式的践行者，在践行稻盛和夫成功方程式的过程中，我们深有体会，并且从中获益。所以我们就有了写这本书的初心，想把我们经历过的和体会的内容传递给更多人。如果这本书能给读者留下一点点不容易磨灭的、有益的记忆，那我们的努力就值得了。

如何让我们的人生·事业方程式得分更高，这本书里面会讲到具体的规律及方法，大家可以将之应用到工作和生活中，活出更好的自己，做自己的主人，实现人人成为经营者！

为了让这本书能给读者带来不一样的思考和体验，我们对本书进行了特别的设计。

其一，我们引入本书作者之一赵峰的笔记本创意，在图书页面边缘留有空白横格线，这是给读者思考和提炼书中精华专门设计的形式，读者阅读过程中有灵感的时候，可以随时记录在这里，方便再次阅读时回顾。因为我们知道，每一本书阅读过程中引发的思考才是更有价值的。

其二，本书的每一个重要段落之后，会有这个段落内容在实际工作或生活当中的应用环节和读者应用感悟的记录空间，这个设计也是希望本书能够真正对每一位读者产生些许具体帮助。在学习的过程中，不同的学习方法，让我们产生记忆的时长是不同的（如下图），我们在实际演练和马上应用的时候，记住的信息是最多的，本书特意安排了这样的应用环节，使读者能够真正学以致用。

最后，本书目录页的后面有一个空白页面，读者在读完本书后，可以凭记忆用思维导图的方式在这一页写下本书的大纲。这是希望读者在阅读的时候，不忘记整理自己的思维。

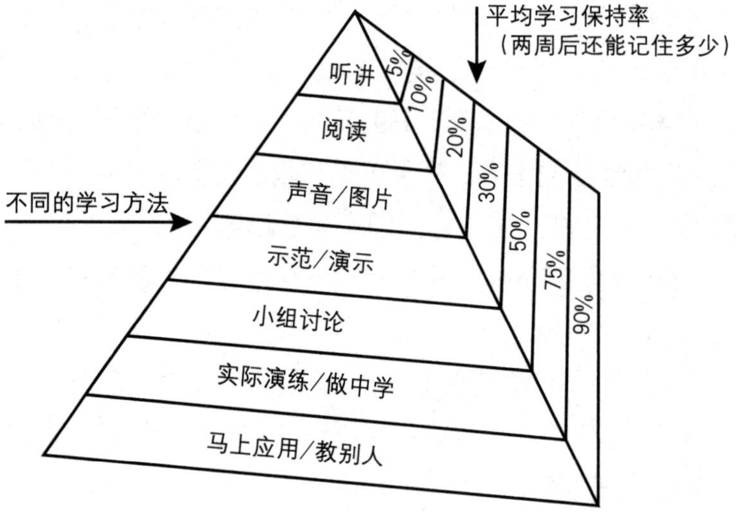

学习金字塔

笔者祝愿每一位读者都能发自内心有所感悟，希望大家都能在经营人生的道路上，越走越好，不断获得成功！

作者

2020年5月

前言

人生之路上有太多道理需要学习，那么，该如何学习并践行这些道理呢？这里给大家分享一个很重要的思维方式——永远、永远不要跟别人比较，永远只跟自己比较——这个原则特别特别重要。

一个人不论在什么年龄，都是想获得幸福的。幸福的获得是有公式的：幸福感=已有的÷想要的。这个幸福感公式可以帮助大家判断自己是否幸福。很多时候会发生一些让我们感到不幸福的事情，这个时候怎么办呢？很多情况下我们会因为想不通一些事情而感到不幸福，那么怎么才能想通呢？

过年的时候，学生最不喜欢被问考了多少分；单身的人最不喜欢被问什么时候结婚；已婚的人最不喜欢被问什么时候生孩子；生了孩子的人最不喜欢被问什么时候生二胎……还有，长辈特别喜欢问：你最近工作怎么样？一个月拿多少钱工资？

大多数人都想逃离这种几连问。

假设与你一起毕业的大学同学月薪一万，你月薪三千，那么，你的幸福感是不是很低？你怎么才能心平气和地看待这件事情呢？

其实只要一句话就能让你知道如何做到心平气和地应对旁人，如何心平气和地看待一些让你感觉不幸福的事情。那就是此文开头的那句话——永远、永远不要跟别人比较。

以当下的你跟别人比是不对的，因为人生时间很长，一年之后可能就不一样了，两年之后就更不一样了。我们要懂得万事万物的规律，我们不用管别人过得怎么样，这跟我们一点关系都没有。不要跟别人比，跟别人比，你会觉得越比越不行，要跟自己比，自己比去年、比昨天进步一点点就够了。不要对比此时此刻的一个点，可以对比一条线，对比在一个区间里谁进步更快。要看到自己这个阶段该做些什么，是不是保持进步，每时、每刻、每天都要进步。个人要保持进步，团队要保持进步，保持这种心态就能保持自己的幸福感。

所谓厚德载物，如果简单一点理解“物=财富”“德=规律”，那么就可以将“缺德”理解为某人没有掌握规律，没有按照规律做事情，财富自然就越来越少。曾有人统计国外中了百万大奖的人，十年后的生活变好了还是变坏了。统计结果是80%以上的人生活过得反而不如中奖以前。原因就在于这些中奖的人的“德”载不了这么多物。所以，我们要做的是修炼自己，让自己掌握做事的规律，做到厚德载物。规律即能量，只要掌握了规律，你就会变得特别有能量。有一句话说“站在风口上猪都能飞起来”，如果能够学会借力，我们一定会离成功越来越近。

阿米巴经营理念也是一种规律。

阿米巴经营就像个小房子（如下图），最上面的终极目标是构建高收益的幸福型企业；左右两边各有一根柱子，一根柱子代表阿米巴会计系统，另一根柱子代表阿米巴组织系统；下面的地基代表阿米巴的经营哲学和理念。保证一个房子牢固最重要的就是地基，那么，本书就从经营哲学和经营理念方面进行阐述。

阿米巴经营小房子

什么是巴长呢？我们再来看一下阿米巴的模型房子，幸福型企业小房子的中间就是培养人才，人才就是巴长，所以企业的发展速度取决于复制巴长的速度。

成为一名巴长，前提是具备三大条件，第一个是价值观，第二个百分之百承担责任，第三个是能力。这对应了稻盛和夫的人生·事业成功方程式：人生·事业成功=正确的思维方式×热情×能力。想要成功，就要从这三方面入手（如下图），首先是价值观，正向的思维方式；第二是人生哲学，拥有热情，承担责任；第三是巴长要具备七种能力。

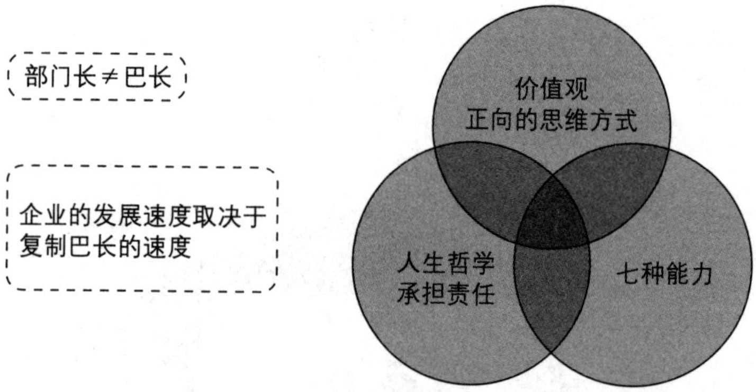

人生·事业成功三大条件

巴长的七种能力是有顺序的。

首先是学习力。会学习就什么都不怕，什么能力都能拥有。

第二是反省力。我们辅导过的企业说："老师，我们只用了这一条，业绩就提升了很多。"反省，精进，也就是1.01的365次方，作为一名巴长要训练反省的能力。对应前面的公式，1.02的365次方是1377.4，这个数字是威力巨大的，反过来，0.99的365次方约是0.03，就是趋近于0。

第三是决策力。领导者之所以成为领导者，是犯了很多错误磨炼出来的，阿米巴是鼓励犯错误的，通过犯错误培养决策能力，决策能力背后就是犯错能力。很多人就是不会下决策，他会干活，但是他不能下决策，因为他担不起责任，怕做错，怕承担风险。阿米巴培养巴长的拍板能力，并通过经营会计报表减少拍板决策的风险，“尽可能让大家少犯错，尽可能让大家多犯错”，这两句话并不矛盾。

第四是钝感力。这一条非常重要，很多企业领导者和巴长都做不到这一条，因为对他们来讲，公司是自己的，部门是自己的，一有问题就特别着急，就马上去处理。实际上这种做法效率并不高，有些时候还起反作用。要培养钝感力，不要一遇到事情马上就处理，应该稍微停顿一下，研究一下，思考一下，再去处理。处理太快容易没有深度，而且会做很多重复性工作，也不利于人际关系的维护。有些人会说自己是心直口快的人，但很多时候心直口快并不是优点，会因此伤害别人而连自己都不知道，思考一下再说话，可能效果完全不一样。

第五是专注力。有一个原则——最重要的事情只有一件，不要同时干两件事情。

第六是沟通力。要学会如何与身边的人更好地沟通。

第七是演讲力。掌握以上几种能力以后，还要掌握演讲力。你是有能量的，拥有很强的能力，但很多时候你表达不出来。表达不出来就做不了巴长，因为你没有办法把你的技术传授给其他人，也没有办法说服团队跟你一起努力。带领团队，做团队真正的领导，就要能影响其他人，做到你说的话别人愿意听。

我们在每天精进一点点的路上还有很多需要学习的能力。在这里推荐两本必读书，一本是《领导力就是说对十句话》，另一本是《非暴力沟通》。

阿米巴的训练是训练我们获得幸福的能力，企业要幸福，家庭要幸福，个人要幸福，我们的人生追求就是幸福。这本书虽然主要是写给巴长的，但是书里的内容对每一位管理者也都是适合阅读和学习的。

最后祝愿每一名巴长都能够变得越来越优秀，每一名管理者都能向更好的自己迈进！

目录

第一章

正确的思维方式

第一节
正能量思维

我们都知道同频相吸，也就是吸引力法则，我们也常说物以类聚，人以群分。每个人都有自己的能量层级和振动频率，我们的能量层级和振动频率决定和影响着我们的命运。你处于什么样的频率状态，就会吸引同等频率状态的人、事、物到你身边来，也就是说，任何事情的发生都不是偶然的，都是由你的频率状态吸引发生的，并且，能量的高低起伏与心境息息相关。你的心境、精神状态决定着你的能量层级，影响着你的生活质量。

关于这一点，很多书籍都有阐述，比如《秘密》《吸引力法则》等。遵循自然法则，处于主动、宽容、明智、爱、喜悦、和平的状态，自然就会拥有完满的人生。

比如，怎么才能赚到钱？按照吸引力法则的理论，你的能量级要足够大，才能赚到钱。著名的美国心理学家霍金斯，把能量用数字表示出来了，能量层级为0~1000。

到了200这个能量值，动力才显现端倪，这是一个重要的节点，是一个勇气层级。勇气是拓展自我、获得成就、坚忍不拔、果断决策的根基。在勇气层级，生活看起来是激动人心的，充满挑战的，新鲜有趣的。人们真诚而友善，有能力把握生活中的机会。处在这个层级人，总是尽可能回馈足够多的能量给这个世界，而低于这个层级的人则是不断地从社会中汲取能量，而没有回馈。

在淡定层级，也就是250能量值的人，会迅速成长，完成工作任务。

在积极主动层级，也就是310能量值的人，通常会出色地完成任务，并极力获得成功。低于200能量值的人思想是封闭的，能量值为310的人的思想则是全然敞开的。这个能级的人，也易于取得社交和经济上的成功；他们总能有助于人，并且对社会的进步做出贡献；他们也乐意面对内在的问题，不存在较大的学习障碍；他们具有从逆境中崛起并获得经验的能力，都能够自我调整；他们能够看到自己的不足，并学习别人的优点。

在爱层级的人能量值是500。这里的爱并非通常意义上的爱。通常意义上的爱，很容易就带上愤怒和依赖的面具，一旦受到挫折，很容易就能转变成愤恨。引发愤恨的爱不是真正的爱。能量值是500的爱是无条件的爱，是不变的爱，是永久性的爱。这种爱不会动摇，是宽容，是能滋养这个世界的。它不是知性的爱，不是来自头脑的爱，它是发自心灵的爱。这是一个真正幸福的层级。

平和层级的能量值600，最高层级是开悟，能量值是1000（如下图）。

200以上属于正能量，200以下是负能量，所以要有勇气，要积极主动，骄傲、恐惧、欲望都是负能量。

除了能量层级表能够量化我们的自身磁场和振动频率，还有一个工具能够让我们知道自己当下的能量层级是怎么样的。这就是卡尔良能量场相机，其成像原理最早由苏联科学家Semyon Davidovich Kirlian发现，这种相机可以拍摄肉眼无法看到的能量场，即使是同一个人，情绪不一样，能量场也是不一样的，所以我们需要锻炼自己的情绪。

按照能量层级表，能量值从200以下提升到200以上，是一个巨大的能级跃升，这甚至可以改变一个人的命运。研究证明，能量值达到250是一个人过上有意义和顺利生活的开端，是一个人有机会走向觉醒之路并有可能获得觉察力的开端。我们要从自己的意识开始锻炼，不断向高能量值靠近。

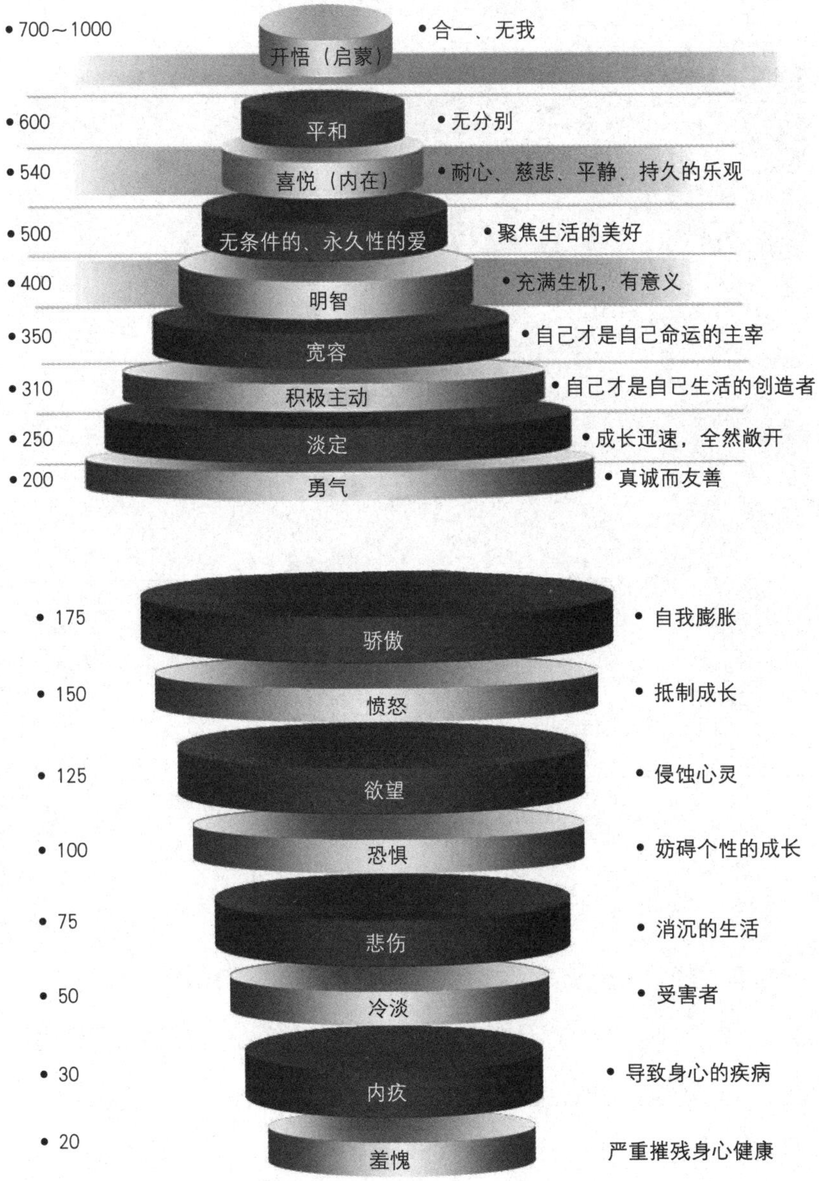

霍金斯思维与情绪能量层级示意图

霍金斯思维与情绪能量层级表

精神观点	生命观点	心智水平和感受		数量等级	行为倾向
本我、真我	存在	开悟		700～1000	纯意识
全人类	完美	平和		600	启发
禅、单独的	完整	喜悦、感恩		540	变化
唯一	仁慈	爱、尊重	能力与动力	500	揭示
充满生机	有意义的	明智、谅解		400	提炼
智慧	和谐	宽容、接受		350	卓越
受鼓舞的	有希望	主动、乐观		310	意图
能动的	满足	淡定、信任		250	放松
接纳的	可行	勇气、肯定		200	能动
无关紧要的	需要的	骄傲、蔑视	冲突、对抗与破坏力	175	自大
复仇	反对的	愤怒、憎恨		150	攻击
拒绝	失望	欲望、贪婪		125	奴役
惩罚	抗争	恐惧、焦虑		100	退隐
轻蔑	悲剧	悲伤、后悔		75	失望
责难	无希望的	冷淡、绝望		50	放弃
怀恨	罪恶	内疚、责备		30	破坏
轻视	悲惨	羞愧、不好意思		20	消灭

这里的能量层级其实就对应了人生·成功方程式的第一个关键词——正确的思维方式。稻盛和夫解救日航只用了一年时间，过程中对公司高层不断进行经营哲学的渗透。而我们目前的企业，真正能够把阿米巴八大模块落地完成，至少需要三年以上的时间。当然，这三年时间包括阿米巴模块的导入期、巩固期和优化期。京瓷公司现在也

是在阿米巴精进的路上，所以要坚持，坚持才能导人成功。人生·成功方程式中，稻盛和夫把思维方式放在第一位，也是唯一一个有正负值的因素，0以上代表正能量，0以下代表负能量，可以简单理解为往上利他利己，往下损人害人（如下图）。

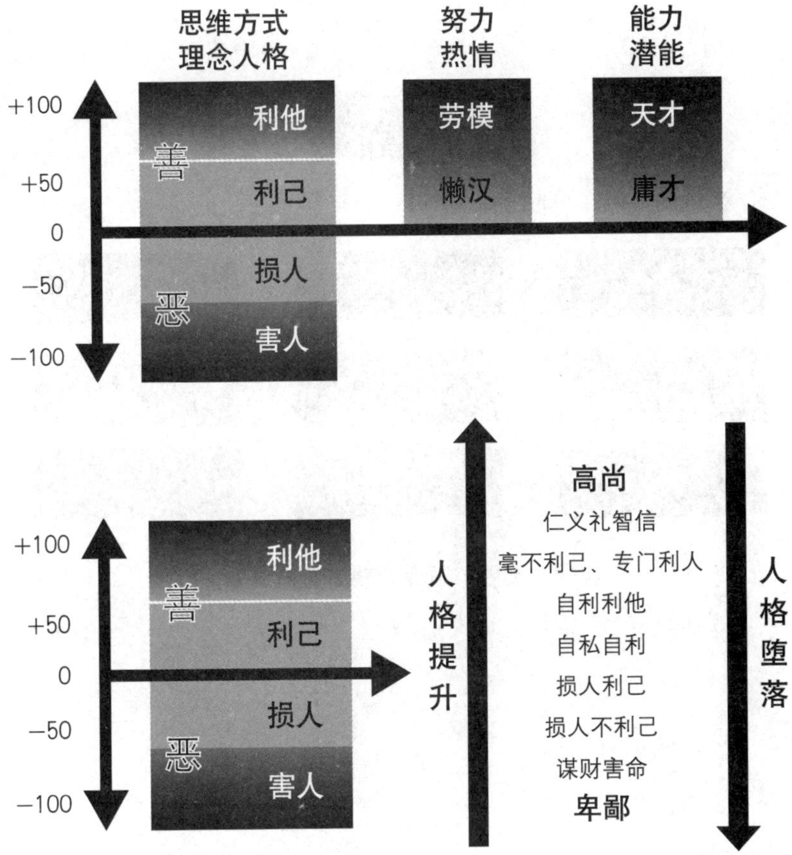

思维方式影响下的正负能量

作为巴长要把思维方式放在第一位，这是因为思维方式是不容易提升的，一个人的思维方式、品德、立场、格局可能需要五年甚至十年才能培养出来。而能力的学习提升，最短半年，长一些三年左右可以培养出来。而且思维方式更加重要，因为一旦你的思维方式搞反了，其影响和破坏力是很强的（如下图）。

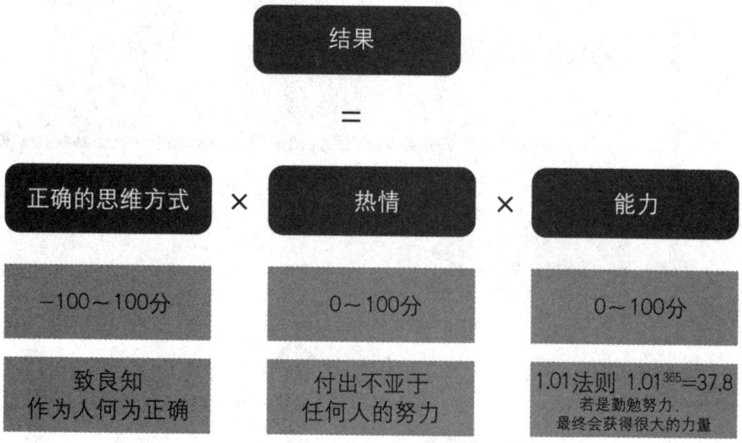

人生·事业成功方程式

第一章 正确的思维方式

类型	人格	理念×努力×能力=成功
• 君子		90 × 90 × 60 = +486000
• 小人		−1 × 90 × 60 = −5400
• 恶人		−90 × 90 × 60 = −486000
• 恶魔		−100 ×100 × 60 = −600000

• 君子居易以俟命，
小人行险以侥幸。

• 善似青松恶似花，看看眼前不如他。
有朝一日遭霜打，只见青松不见花。

• 积善之家必有余庆，
积不善之家必有余殃。

人生·事业成功方程式的应用

◎思考环节

自己给自己打个分。

人生·事业成功=正确的思维方式（　　分）×热情（　　分）×能力（　　分）

制订一个6个月的目标，6个月后再给自己打个分。

人生·事业成功=正确的思维方式（　　分）×热情（　　分）×能力（　　分）

正确的思维方式，正能量的思维方式，可以通过好的、有激励性的行为和话语体现，可以变成我们的企业文化。我们要把负面的思维方式锻炼成正面的思维方式（如下表），尽量减少负能量。单靠自己是比较难做到的，需要大家互相监督，在会议和工作当中互相提醒，才有可能落实下去。不是靠记住这些理论，而是要通过日复一日的应用，使之成为现实。学习阿米巴经营，不是明天就能发生180度大转弯，阿米巴经营讲究的是每天精进，从一点一滴做起，每天改个小毛病。

正能量的思维方式和负能量的思维方式

正能量的思维方式	负能量的思维方式
1. 积极、向上、正能量	1. 消极、颓废、负能量
2. 拥有建设性思维	2. 总是持否定态度
3. 能够积极帮助他人	3. 不喜欢和别人友好相处
4. 开朗乐观	4. 封闭悲观
5. 充满善意	5. 充满恶意
6. 能够体谅别人	6. 陷害别人
7. 认真谦虚	7. 马虎骄傲
8. 勤奋	8. 懒惰
9. 利他，为他人着想	9. 利己，私欲极强
10. 拥有感恩之心	10. 嫉妒别人

正能量的思维方式的表达和负能量的思维方式的表达

正能量的思维方式的表达	负能量的思维方式的表达
1. 好，让我来。	1. 不关我的事、我管不了。
2. 好，我先帮你处理。	2. 我很忙，没时间帮你。
3. 请放心，交给我吧。	3. 反正别找我，爱找谁找谁。
4. 交给我来处理。	4. 这是×××部门的事，不要找我。
5. 经过调查……（深思熟虑）	5. 我以为……我想的是……可能是……
6. 好，您还有哪里不清楚吗？	6. 不是说过了吗？还问？
7. 是我不对，感谢您帮我改善。	7. 我就这态度，你投诉我啊！
8. 好，让我来想办法。	8. 你找谁都没用！
9. 虽然没做过，但让我来想办法。	9. 不可能！不行！我也没办法。
10. 我们公司、咱们部门、我的同事……	10. 你们部门、你们公司、你们下面的人……
11. 这样调整肯定有道理。	11. 怎么又变了？
12. 这个问题我们应该重视，应该这么做……	12. 我都懒得再说了。
13. 非常感谢你让我成长了。	13. 具体谁讲的我就不说了。
14. 承诺了就努力达成。	14. 不理不睬或表面答应

思维方式对身体也是有影响的。科学研究显示，身体疾病与我们的思维方式有关。有很多案例显示，病人的心态向好的方向转变之后疾病也就好了。我们说的思维方式可以理解为修行。修什么？就是把负能量修炼到最少，虽然人无完人，但是要逐步地、一点一点地把负能量消化掉。

◎思考环节

我们在工作或生活中，可以通过做一些固定动作让我们的思维方式不断得到锻炼，逐渐获得提升。锻炼我们的思维方式，也就是锻炼获得正能量，锻炼我们的热情，锻炼我们的能力。

接下来选择一个你自己平常最容易产生的、代表错误的思维方式的词语并把它写在下面，在未来的一周内，时刻关注自己的思维方式，当惯性产生以上的错误思维方式时，请及时调整自己。

◎应用感悟

◎思考环节

复盘最近一个月内自己正确的思维时刻有哪些？错误的思维时刻有哪些？

◎应用感悟

◎思考环节

正能量米饭实验。

准备三个透明杯子、保鲜膜、白纸、黑色笔、焖好的新鲜白米饭。

把晾凉的熟米饭分别放在3个透明的杯子里面，不用放满，三分之二即可；用保鲜膜盖住，分开存放，存放距离不小于5米；用笔在两张白纸上分别写下“我爱你”“我恨你”，还有一张白纸什么也不写，三张纸分别粘在三个杯子上；每天与米饭沟通至少2分钟，分别对不同的杯子里的米饭讲“我爱你”一类正能量的话，“我恨你”一类负能量的话，对其中一杯不讲话；连续做15天，观察效果。

◎实验结果

◎应用感悟

第二节 几个正确的思维方式

本节重点讲述几个正确的思维方式。

第一个正确的思维方式是经营者思维。

前文我们提到，一名合格的巴长需要具备三大条件，第一个条件是价值观正能量，第二个条件是百分之百承担责任，第三个条件是能力。在企业当中，你会发现按照以上三大条件标准进行衡量的时候，符合标准的巴长寥寥无几。

巴长一定要有经营者思维。所以，部门经理不等于巴长，我们要强调的是“经营+管理”，很多部门负责人都是合格的管理者，却不是很好的经营者。

◎应用环节

管理者思维和经营者思维的区别是什么？

美国通用电气公司前CEO杰克·韦尔奇说过："把梯子正确地靠在墙上是管理的职责，而经营者的作用在于保证梯子靠在正确的墙上。"

我们可以这样来理解什么是经营者：有一名管理者和一名经营者，分别给这两个人5000元资金，管理者会把这5000元花得很好，而经营者会在花得很好的同时再赚回来5000元。也就是说，管理者的思维是做好一个部门负责人的思维，而经营者的思维是把自己的部门当成一个小企业来经营，这是两种完全不同的思维。

阿米巴经营倡导的思维方式正是人人成为经营者。因为在阿米巴的逻辑里，每个人都是有无限潜能的，要激发每个人的潜能和动力，让员工不只用双手工作，同时也能更好地贡献智慧。当员工都具备了经营者思维，就好像企业家如"孙悟空"一样变出很多个"真身"，这样就同时有多个经营者操心企业的发展。所以，经营者思维可以理解为，在做每件事的时候，问一下自己："假如我是总经理，我该如何做？"试着把企业和部门当成自己的，不断以这样的方式锻炼自己的经营者思维。

长久以来的工作机制和氛围，都让我们习惯当一名执行者，只需按要求做事，而经营者思维需要我们独立思考并且做决策。这里的决策是在我们能力范围之内，管辖范围之内，上级巴长审批通过的决策。所以你会发现流程与以往有很大不同，以往是我们不需要决策，直接执行上级布置的任务，而阿米巴经营，是我们自己做自己的主人，由我们自己提出应该做哪些事情，再由上级巴长通过，这样就激活了我们的自主权。

刚开始的时候，我们可能会有些不习惯，也可能会做出错误的决策，但是，没有犯过错误的巴长不是一名合格的巴长。每一名企业家能获得今天的成就，并不是他们天生优秀，而是他们在企业经营过程中，犯的错误多了，决策就越来越精准。巴长也需要这样的经历，只不过阿米巴经营会规范每名巴长在能力和权限范围内锻炼决策，即使偶尔失误，也不会影响很大。

第二个正确的思维方式是家人思维。

企业的巴长要贯彻和坚持家人思维，以员工为中心，以客户为中心；员工也需要有家人思维。家人思维代表首先要接纳彼此，就好像自己的孩子再淘气也是自家的，自己家的妈妈再唠叨也是自己的。首先要接受事实，接受和宽容的能量层级是350。对我们不能改变的事实，首先要接受和接纳。

为什么要有家人思维？家人思维表示接受团队成员，如果不接受，请问还能合作吗？还能配合工作吗？效率会高吗？不会的。所以首先要接受，像看待家人一样看待团队成员，每个人都要接受。正如寂静法师所言，我们的一切都是我们主动选择的，包括我们的工作，我们的同事，我们身边的一切……家人思维背后的逻辑就是接受和接纳，这是一种正能量的思维。你不能说，我太不幸了，妈妈是最严厉的，老爸是最穷的，这种自我暗示会让你越来越不幸福。懂得接受和接纳，这样团队才能协作，团队成员之间才能沟通。

对下属也是这样，只有接受他，才有可能改变他，否则是改变不了现状的。有些领导总是习惯性说NO，说下属这个不行那个不行，下属还没说完话就打断，批评下属的方案差劲。这些都是直接把对方否定了，对对方的打击是最大的。员工最需要的是关注和关爱，肯定和赞扬，而不是打击。打击有时候不能起到很好的作用，更有用的方法是鼓励，给出工作的方式和方法，给下属肯定，即便下属做得不好，还是要找到其闪光点。所以，作为领导，作为巴长，要锻炼一种能力，一种发现身边人优点的能力。这种能力是需要训练的，回家去发现家人的优点，到公司发现下属的优点，你会发现员工还是很“牛”的。

第三个正确的思维方式是利他思维。

佛教思想中便曾提及“利他”，告诫人们要给予他人方便和利益，不求回报。利他指为了使别人获得方便与利益，尊重他人利益的行为，是一种自觉自愿的有益于社会的行为。人们通过采取某种行动，一方面满足了自己的需要，一方面又帮助了别人；在某些极端情况下，人们可能会不惜放弃自己的需要来满足别人的愿望。

为什么要利他？稻盛和夫曾经这样比喻：在这个宇宙间，常吹着一股“他力之风”，它推动一切事物不断向着好的方向、更好的方向前进。然而，如果一味强调“我”，强调“己”，那么用“利己之心”扬起的风帆上就有了孔洞。这样，无论“他力之风”如何吹刮，风都从帆洞中穿过，风帆升得再高，航船也不会前行。相反，如果用“利他之心”扬起风帆，就能饱受他力之风的恩惠，一帆风顺，在茫茫大海中破浪前行。“为社会为世人”这种纯粹的动机，也就是所谓的“利他之心”，就是成功的原动力。所以最大的利己其实是利他，自利是人的本性，但利他也是人性的一部分，利他则久；没有利他，人生和事业就会失去平衡，并最终导致失败。

做生意没有利他之心，人家不会与你合作；交朋友没有利他之心，过年别人发红包你总是不发，时间长了人家便不再与你交往。利他是做生意的基础，是最好的商业模式，不要总是想着自利，自利只能暂时得到好处而已。据说，随着科技的发展，以后人的寿命有150岁，所以我们要把时间拉长一点看，不要老看眼前，你想要利己没有问题，但利己的同时不能损害他人，记住这个规律就可以了。

掌握规律就能获得能量。地球围绕太阳转，月球围绕地球转，是因为地球的能量大于月球，太阳的能量大于地球。低能量体围绕高能量体转，你的能量级低就会被高能量体吸引，有些人见一面你就感觉很开心，感觉似曾相识，也是这个道理。能力解决问题，能量可以吸引。利他就像烧火，当你生火的时候，就只管生火，灰烬自己会出来的，赠人玫瑰，手有余香也是同理。

要注意远离负能量的人，这些人总是在你身边抱怨，传播负能量，你不能把他们一脚踢开，但是可以尽可能避开。要多跟正能量的人接触，因为能量是会互相影响的，跟负能量的人接触多了你就变得负能量了。

- 领导坚持一家人思维：以员工为中心
- 员工坚持经营者思维：以客户为中心

➤这就是——利他

利他思维

第四个正确的思维方式是工作即修行思维。

正确的思维方式是可以改变命运的，做好事和学习是可以改变命和运的。有一部电视剧叫《了凡四训》，讲的就是主人公袁了凡如何改变自己的命运，袁了凡在历史上确有其人，大家可以了解一下。

工作即修行，我们可以在工作当中把我们的坏毛病、不良习性都改掉。修行不是去寺庙念经打坐。明朝思想家王阳明在江西讲学的时候，当地一位地方官员心领神会，很有收获，他找到王阳明说，他很想深入学习心学，但是公务繁忙，实在抽不出时间来学习，不知如何是好。王阳明说，并没有要他离开公务去修行，其实最好的修行就在公务之中，比如断案，要不带自己的主观判断，依据的应该是客观证据，不要掺杂个人的情感情绪。不能因为谁送礼了就网开一面，也不能因为谁争辩就心生怒火。总之，始终秉持公正无私之心来做事，就是修行。离开公务去修行，就好像水中捞月，真正的月在天空中，不在水里；真正的道场就是红尘，不是禅舍；真正的菩萨不会端坐在庙里；真正的佛不必会念经；真正的开悟未必需要禅定。红尘即道场，日常即修行。南怀瑾也说，真正的修行是在红尘中修心，把你的心修过来。宇宙的规律大道至简，所有的东西都回归到一点，道理都是一样，只是表达方式不同。

如果把工作看成任务，会特别累；上班30天就是为了拿3000块钱工资，心特别累，少发50块钱会更郁闷。但如果换一种思维方式，把工作当成修行、修炼，这就为自己打开了另外一片天地，就不会那么累了。工作对人而言，其实具有更深远、更崇高的价值与意义。它可以帮助我们战胜欲望，磨炼心性，培养人格，而不只是换取生活所需。

因此，以全部的精神投入每天的工作，是极为重要的事，唯有如此才能做到锻炼灵魂、提升心性。思维方式改变了，你会发现幸福感马上提升。同样是上8小时班，思维方式不同，结果便不一样，得到的奖金不一样，成长速度也不一样。换句话说，你的想法变了，你想要的一切都可以吸引过来。

◎应用环节

先记住一个接纳的沟通句式，比如“你的……行为非常棒，如果……就更好了！”在现实工作中或生活中与你身边的人进行接纳的沟通。

◎应用感悟

◎教学感悟

第三节
我是一切的根源

我们的生活中有两难：一是改变别人，二是改变自己。詹承坤老师对大家讲说，“我是一切的根源”，意思是说不要老是想着去改变别人。很多时候我们总想去改变别人，德国著名心理治疗师海灵格曾说，“幸福的家庭，都有一个共同点，家里没有控制欲很强的人。”你会发现，在家庭里和工作中，老是以控制欲去改变别人，一般都得不到想要的结果。

“我命由我不由天”，这是电影《哪吒之魔童降世》里非常火的一句台词。这句话出自道教典籍，意思是我的命运我自己来掌握，不是上天来决定的。这是说，我们不向命运低头屈服，要有反抗命运的精神，生命的主动权操纵在自己的手中，要努力把握改变自己的命运，我们要自己做自己的主人。

佛教思想认为，“佛者，觉也”，每一个人都是有佛性的，众生皆可成佛，意即“见性成佛”。佛就在每个人的心里，你能明心见性，你自己就是佛。佛也曾是人，在禅师眼里，自己与佛是应该平起平坐的。所以你会发现，当我们向内求时，即得自觉。

但是生活中，我们总是不自觉地想去改变别人，或是“不得法”地改变自己。在家里，妻子总是希望丈夫讲究一点卫生，多做一些家务，早下班……丈夫总是希望妻子再漂亮一点，再节约一点……我们总是希望改变别人。我们都希望员工的执行力很好，但这对中小企业是很有难度的，在人才的争夺方面，中小企业相对大企业的竞争力较弱。所以，阿米巴经营的理念是自己培养巴长，培养经营人才，把原来三流四流的人才培养成一流人才。培养人才是阿米巴经营需要做的事情，也是阿米巴认同的事情。

所以我们要记住，“我才是一切的根源”，不要总是希望改变别人。我们要改变自己的思维方式，回家夸一夸你的家人，你先改变了，别人就会改变，我们要学着去影响别人。当你的能量高过其他人的时候你就可以影响他了，你影响不了别人代表你还需要修炼。经营自己才能经营好人生，思维方式影响我们的行为，行为影响我们的习惯，习惯决定性格，性格最终决定命运。你会发现，影响命运的其实就是我们的思维方式，一念成佛一念成魔，皆由我们自己的内心。

荣格离世前对徒弟说："你连想改变别人的念头都不要有。要学习像太阳一样，只是发出光和热，每个人接收阳光的反应有所不同，有人觉得刺眼，有人觉得温暖，有人甚至躲开阳光。种子破土发芽前没有任何的迹象，那是因为没到那个时间点。永远相信每个人都是自己的拯救者。"愿我们都像太阳一样发光发热，影响身边的向日葵跟随自己的正能量！

◎应用环节

凡事至少一半的原因在于"我"，真正困扰我们的不是困难本身，而是我们对困难的态度和看法。当发生让我们痛苦的事情时，转换一下思维，从改变自己的角度出发去解决这件事情。

◎应用感悟

第二章
热情

第一节
付出不亚于任何人的努力

很多人都会觉得，只有一部分人一开始就选择到了自己感兴趣的职业，而绝大多数人，由于各种各样的原因，没能做自己喜欢做的工作。即使选择了自己喜欢的职业，刚开始工作的时候，大多雄心万丈，激情澎湃，三五年以后，慢慢涨了薪水，升了职位，却发现自己好像没有以前的那种热情了。

这可能是一个我们每个人职业生涯中都会遇到的问题，我想这个问题的产生有两个原因。

第一个原因：人人都有好奇心，当我们进入一个新领域的时候，好奇心促使我们愿意接收新的信息，但热度一过，我们对这个领域已经了解和热爱，热情也就随之慢慢下降。这也是短视频、碎片化学习变得火爆的原因，因为人们有耐心的时间变得越来越短。

第二个原因：人们会关注自己感兴趣的事情，当选择的职业不是自己的兴趣爱好，难免会觉得每天的工作只是为了生活，于是觉得工作枯燥乏味。稻盛和夫曾建议用具体的问题评估员工的热情。他建议企业招聘员工时，最大的评估标准就是热情。他给出了两个评估环节，第一个环节是问应聘者 “你对什么事情有热情？这件事情中哪些内容让你一早醒来就想投入工作？” 第二个环节是让应聘者用实际行动证明自己的回答。

◎应用环节

问自己：我对什么事情有热情？这件事情中哪些内容让我一早醒来就想投入工作？

那么，如何才能在工作中保持持久的热情呢？

第一，培养自己对工作的热爱。

人生最幸福的事就是把自己的兴趣和职业相结合，并且还能充分发挥自己的天赋和特长。但现实生活里，并不是每个人都能如愿做自己喜欢的工作，有人甚至不知道自己的兴趣是什么，只是机械地工作，可想而知，这样的人生也不会有太多的乐趣和精彩而言。

世上根本就没有正确的选择，我们只是要努力奋斗，将我们当初的选择变得正确。如果你比较幸运，找到自己喜欢并且擅长的、梦寐以求的工作，那就努力在工作中发挥自己的才能，创造价值。即使在工作中遇到困难，你内在极大的热情也会帮助你化险为夷。如果你从事的并非是自己喜欢的工作，那么就培养对本职工作的热爱。即使刚开始不热爱也没有关系，记住稻盛和夫的一句名言——即使做不到很快就热爱工作，但至少把“厌恶工作”这种负面情绪从心中排除。首先接纳你的工作，接纳的能量值也是非常高的，思维方式转换了，你会发现更多变化。

培养对本职工作的热爱，也是有技巧的。事实证明，对一件事情投人越多，产生兴趣的可能性越大，所以，在不断对工作投人的过程中，你对它的兴趣会逐步增加，你对工作的热爱也会慢慢培养起来。有的时候，你不够热爱，是因为你还没有从中找到乐趣。我们要在工作当中付出不亚于任何人的努力，接下来就会有奇迹发生。“付出不亚于任何人的努力”这句话出自稻盛和夫的《六项精进》。除了拼命工作之外，世界上不存在更高明的经营的诀窍，工作即修行，最好的修行道场其实就在工作中。自然界存在的前提就是一切生命都拼命求生存。

网上曾流传成功企业家王健林的一日行程，他早上四点钟起床，一天之内奔波于三个城市。像他这样的人还需要付出不亚于任何人的努力吗？是的，不论在什么样的位置，都要付出不亚于任何人的努力。即使你认为自己已经很努力了，但是在你看不到的地方永远会有人比你还要努力。

还有一句话分享给大家，就是“你必须非常努力才能看起来毫不费力。”我们上学的时候会发现一些同学平常上课都不怎么认真听课，但是考试的分数却非常高。为什么呢？就是在你看不到的时候，他其实非常努力，在你看得到的时候他才表现得毫不费力。

第二，恋爱工作法。

只有全力以赴地工作才会爱上你的工作。有个非常有趣的段子，说如果用打麻将的精神去工作恐怕就没有什么干不好的工作了。打麻将的精神是什么呢？一共八条：随叫随到从不拖拖拉拉；不在乎工作环境，专心致志；不抱怨，经常反省自己；永不言败，推倒再来；牌好牌坏都努力往更好的方向调整；不管跟谁搭档照样努力；对工作中使用的工具从不挑剔；从不嫌弃工作时间长。我们还可以把工作想象成谈恋爱，每一天上班都是去见你的另一半，慢慢培养自己对工作的热爱。

除了培养对工作的热爱，我们也需要从生活中找到激情。可以利用业余时间培养自己的兴趣爱好。热情是一种态度，除了从工作当中培养，也可以从兴趣爱好中培养，后者是首选。有的时候我们无法选择本职工作，但我们可以选择兴趣爱好。从不会到会，再到精通，我们可以把自己的兴趣爱好打磨成一项技能，甚至还能通过兴趣爱好创造收入，把兴趣爱好变成自己的一项副业。在这个过程中，我们的热情会逐渐被释放，并且能够被带入我们的工作中，产生良性循环。

有的时候，我们觉得自己丧失了对工作的热情，但其实我们是失去了对生活的热情。一个对生活充满热情的人，不仅对工作，对他周围的一切都会充满热情。值得庆幸的一点是，热情即使消失了，也可以再被培养出来。培养你对生活的热情，便能保持你对工作的热情。

◎应用环节

选择一个自己的兴趣爱好，制订一个培养兴趣爱好的计划，可以是一年计划。

你的计划：

◎应用环节

将每一天的工作列出清单，按照优先顺序排序，完成一项清理一项。每周统计完成的情况，给自己一个肯定反馈。

第二节
保持工作热情的五要素

第一，明确目标与意义。

就是要明确你工作的意义到底是什么。意义，也就是一家企业的经营理念、愿景、使命和价值观。做企业、做工作不应该只是为了赚钱，也是为了我们的物质和精神幸福，这样在经营的过程当中，就是会有荣誉感和动力。

第二，把自己当经营者。

必须要把自己当成经营者，把自己的工作当成一份事业，而不只是赚钱生活的一份工作。

第三，改变思维方式。

不再认为只有兴趣才能让自己对工作充满热情，努力让自己的选择变得更加的正确，让自己喜欢上现在的工作。

第四，学会释放压力。

工作其实有很大的压力，当你的能量要散去，情绪要爆发的时候，你需要的是一个释放压力的假期，出去静一静。

第五，追求卓越。（如下图）

从优秀到卓越，只有一步，但也是很大的一步，这一步并不容易。

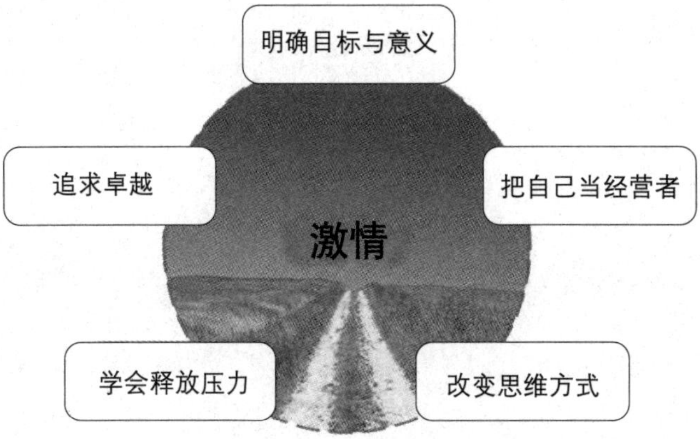

✓ 越努力 越幸运

操持工作热情的五要素

第三章
经营者七大能力

第一节
学习力

为什么要学习

巴长第一大能力就是学习力。拥有学习力代表着进步速度比别人快，也就意味着，即使我们不具有某项能力，只要我们懂得如何高效学习，就能在较短的时间习得这项能力。可以这样说，学习力决定了我们的人生高度，拥有学习力，就拥有了“内在的财富”。但是学习这件事，并不是所有人都会的。从小时候开始，我们总会发现有些同学并没有拼命学习，还有空闲时间玩耍，但是他们的考试成绩总是名列前茅，现在想来，其实是那些同学掌握了高效学习的方法。

在具体认识学习力之前，要先弄清楚一个问题——为什么要学习？搞不清楚原因，是不能长久坚持学习的。有人年初计划一年看11本书，但是发现执行起来并没有那么容易，第一个月能执行，后面就不了了之了。

为什么要问这个问题？有个段子叫“保安三个问

题”，说保安一般会问来访者三个问题“你是谁？”“你从哪里来？”“你找谁做什么？”保安问的这三个问题其实是很有哲学性的，也可以说这是我们一生必须要回答的三个问题，今年回答不了，明年也要回答，所以，晚回答不如早回答，如果一下子没有答案，就要不断去寻找内心、灵魂深处的东西。

◎思考环节

找到你的学习目标，问问自己通过学习要达成什么。比如要学习理财，我们的目标可以是通过学习达到一年理财收入1万元。

我们在学习之前一定要想通“为什么要学？”“为谁学？”想不清楚这两个问题，学习效果一定会“打折”。“为谁学？”一定是为自己学，首先要强大自己，才能让你的家庭幸福，让你的父母过上好日子，让你的亲戚朋友过上好日子，让你的同事、下属过上好日子，巴长的一个责任就是要带领部门所有人一起挣到钱。“为什么要学？”一方面要想清楚自己内心想要什么，另外一方面要寻找外部刺激，有刺激才有反馈，没有反馈就容易没有动力。我们可以先选定一个目标人选，可以是偶像，也可以是身边的人，我们的任务就是超越这个目标人选。身边会有人给你刺激、鼓励、支持，甚至故意挑战，这都是对你的刺激，可以刺激你去学习。

如何获取学习力

接下来再讲如何获取学习力这项技能。阿米巴要培养人才，很多公司想要业绩增长，但没有人才何谈业绩增长！我们只有学会学习的方法才可能成为高手。

◎思考环节

你每年读多少本书？（小说不在范围之内）

我们来看几个关于学习的统计数据：犹太人平均每年每人读60本书；德国地铁上69%的人在读书；日本平均每年每人读40本书。当然，看书并不等于学习，看书只是一种学习方式。

读书和学习并不是按自己的兴趣来进行的，按兴趣读书和学习实际是不对的，正确的学习方式是要有目标和目的，要根据目标和目的选择要读的书，这样做效果就会完全不同。很多人是什么书流行就读什么书，这是在浪费时间，如果这本书讲的不是你当下需要学的知识，就不要读，因为学了不使用很快就忘记了，除非你的阅读量很大。

关于学习方式，现在也可以选择听书，这个方法没有场地限制、时间限制，走路的时候可以听，坐公交车的时候也可以听，坐地铁的时候可以听……可以养成随时随地的碎片化的学习习惯。能把碎片化的时间利用起来学习，哪怕一天一小时，就会了不得。一旦养成学习习惯，就会“戒不掉”，会感觉自己在进步，能力和能量在提升。

为什么大家都喜欢玩游戏，不喜欢学习呢？我们可以把大脑想象成一个小怪兽，小怪兽喜欢吃垃圾食品，比如游戏，不喜欢吃有营养的东西，比如知识。我们要跟不良习惯斗争，游戏娱乐是一个舒适区，我们不能一直躺在那个舒适区。游戏的设计有个理论，就是反馈，你打完每一关马上就能获得反馈，你打了一个怪，游戏系统里面马上加积分，加分就让参与者非常开心，一级一级升上去就特别有愉悦感。但是学习很难获得反馈，所以我们就要想办法不断地给自己反馈，让别人给反馈，这样来增加学习的愉悦感。

在学习的过程当中，我们会发现总是没有太大的效果。为什么我们会觉得学习没有效果呢？我们可以看下面的图，纵轴是技能，横轴是学习时间，随着学习时间的增加，可以看到技能会一点一点增加，到达某个点时，技能会突然上升。在你达到那个点之前，要学大量基础的东西，当你突破了那个点，就可以快速提升能力。

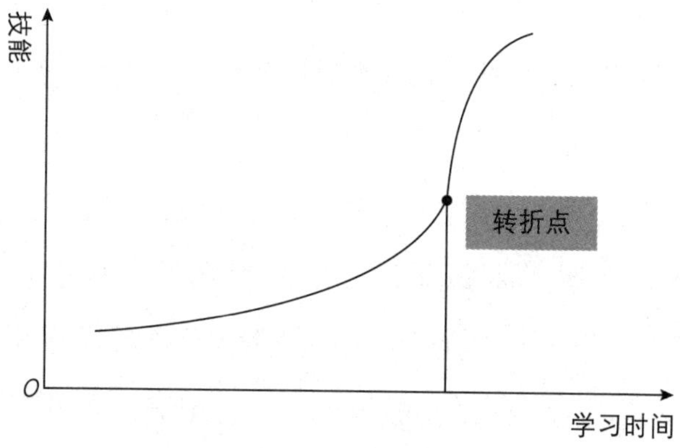

学习曲线图

学习是一辈子的事情，尤其在现在的社会环境中，信息爆炸，要学的东西太多了，同时还要注意学习要有目的，要有目标。

什么是有效学习

现在需要学习的东西太多了，如果什么都学，其实等于什么都没学。笔者对“学习”的解释是，学习知识并且马上去操作使用。很多人只是停留在学习的过程当中，了解一下知识就结束了，这样是不对的，这是无效学习。现在社会整体的节奏比较快，人的耐心则逐渐变小。这样的情况下，深度思考不够。互联网时代，发现和获取知识短平快，搜索一下能得到想要的知识点，然而每一次只是拎出“一个”即止，而不是“一串”，于是只能处理浅维度的信息。人们获取信息的渠道多了，但使用信息的效率反而下降了。

“没有方向的船，什么风都是逆风”，所以，找到学习的方向和学习目标是最核心的要点，这跟《高效能人士的七大习惯》中提到的以终为始意思一样。找到自己的目标就是确定自己信息和知识获取的过滤原则，建立自己的一个“筛子”，学习与目标一致的内容，否则容易产生知识焦虑。

知道“什么时候学什么”就等于确定了学习目标和计

划，可以逐步构建自己的知识体系或知识结构。目标其实由个人的内心驱动，梳理个人战略，制订人生目标，导出学习计划，具体可以参考下面的高效学习精进地图。

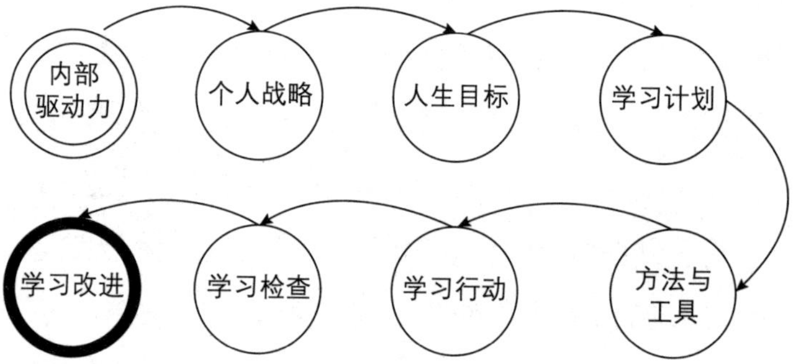

高效学习精进地图

按照这种方法学习一年，你的成长可以快很多。找到一个目标，剩下就是单纯“死磕”这个目标。记住，这个世界上是没有捷径的。

◎练习环节

制订自己的学习计划。一般制订学习计划的方法：首先确定学习总目标，比如要学习理财，目标是通过学习获得一年理财收入1万元。其次，拆解目标，构建自己在某个领域的知识体系。比如一年理财收入1万元，这是目标也是结果，要实现这个目标，我们需要分步执行。理财涉及基金、保险等理财产品的学习，学习这些知识需要阅读很多书籍，并反复实操练习。所以，我们的目标可以是第一个月学习基金，第二个月学习保险……

以下是一个学习计划示意。

2020年学习任务单

<table>
<tr><th rowspan="2">季度</th><th rowspan="2">月份</th><th rowspan="2">2019年图书阅读量</th><th colspan="2">2020年计划阅读量</th><th rowspan="2">努力指数</th><th rowspan="2">学习方向</th><th rowspan="2">计划学习内容</th><th rowspan="2">实际学习内容</th><th rowspan="2">备注</th></tr>
<tr><th>图书阅读量</th><th>其他（音频、视频等）</th></tr>
<tr><td rowspan="3">第一季度</td><td>1月</td><td>1</td><td>2</td><td>2</td><td>400%</td><td rowspan="3">沟通技巧</td><td>《关键对话》《高效沟通》、2场公司培训</td><td>《关键对话》、3场公司培训</td><td rowspan="3">每天跑步1小时，听音频课</td></tr>
<tr><td>2月</td><td>1</td><td>2</td><td>2</td><td>400%</td><td>《沟通的艺术》《高情商沟通术》、2场分享</td><td>《沟通的艺术》《高情商沟通术》、1场分享</td></tr>
<tr><td>3月</td><td>1</td><td>2</td><td>2</td><td>400%</td><td>《非暴力沟通》《高效沟通》、2场培训</td><td>《非暴力沟通》《高效沟通》、2场培训</td></tr>
</table>

续表

季度	月份	2019年图书阅读量	2020年计划阅读量		努力指数	学习方向	计划学习内容	实际学习内容	备注
			图书阅读量	其他（音频、视频等）					
第二季度	4月	1	2	2	400%	销售技巧	《博恩·崔西成交术》《销售心理学》、2场培训	《博恩·崔西成交术》《销售心理学》、无培训	每天跑步1小时，听音频课
	5月	1	2	2	400%		《发现你的销售力量》《销售圣经》、2场分享	《发现你的销售力量》《销售圣经》、无分享	
	6月	1	2	2	400%		《如何成为一个顶尖的销售员》DVD、《当场就签单》、2场培训	《如何成为一个顶尖的销售员》DVD、《99%的人都用错了的销售技巧》、2场培训、1场分享	
第三季度	7月	1	2	2	400%	谈判技巧	《说服别人只要三步》《优势谈判》、2场培训	《说服别人只要三步》《优势谈判》、2场培训	每天跑步1小时，听音频课
	8月	1	2	2	400%		《沃顿商学院最受欢迎的谈判课》《高难度谈话》	《沃顿商学院最受欢迎的谈判课》《高难度谈话》、4场分享	
	9月	1	2	2	400%		《麦肯锡教我的谈判武器》《高情商沟通术》	《麦肯锡教我的谈判武器》《高情商沟通术》	

续表

季度	月份	2019年图书阅读量	2020年计划阅读量		努力指数	学习方向	计划学习内容	实际学习内容	备注
			图书阅读量	其他（音频、视频等）					
第四季度	10月	1	2	2	400%	销售管理	《高效能人士的7个习惯》《解决方案销售》	《高效能人士的7个习惯》《解决方案销售》	每天跑步1小时，听音频课
	11月	1	2	2	400%		《生命教练》《阿里铁军》、2场分享	《生命教练》《阿里铁军》、4场分享	
	12月	1	2	2	400%		《营销管理》《目标》、2场分享	《营销管理》《目标》、3场分享	
合计		12	48		400%	销售+基本功	24本书+18场培训/分享	24本书+22场培训/分享	跑步学习365小时
自我成长工具包（打✓）		□高效学习手册（随身）□一支笔（随身）□纸质书□iPad/平板电脑□kindle□得到APP□书入法APP□其他							
学习计划实施方法		填写完毕→彩色打印→贴在床头→贴在办公桌→学习计划执行→学习计划自我检查→学习计划改进							

高效学习的三个公式

为什么学习只有三分钟热度？在笔者看来，学习的本质是从意识到习惯再到本能。意识——你是否有学习意识？习惯——你有没有坚持养成学习习惯？本能——你有没有坚持将习惯变成本能？我们要有意识地训练我们的学习意识，“意识的源头”被称为人体的“第一注意力”，输入的源头就是眼、耳、口、鼻、身。眼：我们学习的意识里，眼睛愿意接收信息的优先顺序是“视频＞图片＞文字”。耳：声音。口：复述和分享。鼻：学习的嗅觉意识。身：工作就是学习，学习就是工作。

下面就是我们总结的高效学习的三个公式。

第一个高效学习公式：计划+总结+分享+沉淀。

首先要有目标，然后针对目标制订学习计划，这可以理解为推演我们的学习路径；其次要有总结，也就是复盘；第三是分享，把学习的感悟和内容提炼出来分享；最后要有沉淀和整理（如下图）。

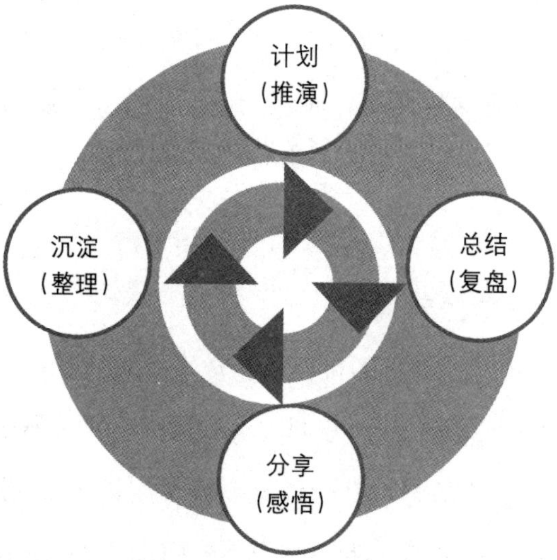

第一个高效学习公式

计划（推演）和总结（复盘）在公司招商部是常用的工作方式。比如招商部要谈客户，这个客户没来谈之前，可以推演一下该如何把这个客户谈成。而后，无论最终客户是否谈成，要再做一个复盘。推演和复盘都可以用“放电影”式，就是跳出来以第三方视角看自己，也就是这件事情做之前放一遍“电影”，做之后放一遍“电影”。这个方法也适用于其他岗位，在没有做一件事情之前，可以先在脑海中画个图。比如想让客户购买我们的产品或者服务，可以推演该用什么样的话术？客户会怎么应答？现场沟通的时候如果有偏差该怎么办？

接下来就是分享。学到的东西，要马上分享给别人，这个分享就是让我们进行转化。你学到一点东西以后，要马上跟你身边的人或者朋友讲，他们可能听不懂，但没关系。在这个分享的过程中，你会不断对学习到的东西进行整合。我们在教别人的时候，有些本来可能不太明白的知识会在讲解的过程中慢慢清晰起来。很多人不喜欢分享，对自己的学习成果持保护心态，不想让别人知道，担心被别人学走了，其实这样做会使自己的成长被封闭，使自己丧失通过与其他人交流获得成长的机会。越分享得到的反而越多，而不是越分享得到的越少。把知识分享给别人，是一个有效的学习方式。

◎应用环节

将高效学习的第一个公式在最近一段时间运用到工作或学习中，制订一个运用计划。

◎应用感悟

第二个高效学习公式：实操>视频>图片>音频>文字。

人的大脑是有喜好的，大脑就像一个小怪兽，它吃什么内容比较容易消化呢？这个小怪兽最喜欢吃能够感受到的东西，能够操作的东西，接下来依次是视频、图片、音频、文字。读书这种看文字的方式，其实是大脑最不喜欢的一种方式（如下图）。

实操＞视频＞图片＞音频＞文字

第二个高效学习公式

首先要多实操，多应用，用完以后你想忘也忘不掉了。比如阿米巴经营会计报表，多用几遍一定可以加深对报表的理解。基于任务来进行学习效果是非常有效的，也就是说，短期内用不到的东西可以暂时不学，学习与我们工作或生活中的任务直接挂钩，这样就不需要过渡和转化，学完直接就能用。比如我们想学做一道菜，一般是看一下教程，采购原材料，然后按照教程试做，试做的过程中也就记住了大概方法，品尝后可以思考哪个环节需要调整。学完以后马上用，记忆是比较深刻的，你要把你80%的时间花在学习马上能用到的知识上，学的再多没有转化是无用的。要基于任务学习，有了任务，有了目的，有了目标以后再去学习就会不一样，你要把干活变成学习，学习就是干活。人类的视觉识别和分析能力强大，所以我们比较容易接受视频类或图片类的信息。利用音频学习的优势在于几乎不受任何场所限制，比较方便。最后才是通过文字学习。当然这几个工具可以同时使用。学习中很重要的一个环节是反馈，通过实操我们可以获得及时反馈。这就像开车超速时的提醒一样，提醒我们哪里做得对、哪里做得错也是一种反馈。

学习金字塔（如下图）由美国学者、著名学习专家爱德加・戴尔1946年首先提出。学习金字塔用数字形式形象显示出采用不同的学习方式，学习者在两周以后还能记住内容的多少（平均学习保持率）。

学习金字塔

爱德加・戴尔提出，学习效果在30%以下的几种传统方式，都属于个人学习或被动学习；学习效果在50%以上的几种方式，都属于团队学习、主动学习和参与式学习。学习是自己的事情，真正能够成为人才的人一定是主动学习的人。所以我们要把干活当作学习，抓住一切机会学习。毕竟你痛苦也是一天，快乐也是一天，感觉工作很累是一天，感觉这个工作可以磨炼自己也是一天，这是一个理念，也是一种修炼自己的方法。王阳明的“知行合一”说的也是这个意思。

高效学习的第三个公式：刻意练习。

人的大脑是有记忆规律的，德国心理学家艾宾浩斯研究发现，遗忘在学习之后立即开始，而且遗忘的进程并不是均匀的。最初遗忘速度很快，以后逐渐减缓。他认为“保持和遗忘是时间的函数”，他以无意义音节（由若干音节字母组成，能够读出、但无内容意义）为记忆材料，用节省法计算保持和遗忘的数量。根据他的实验结果绘成描述遗忘进程的曲线，即著名的艾宾浩斯记忆遗忘曲线（如下图）。

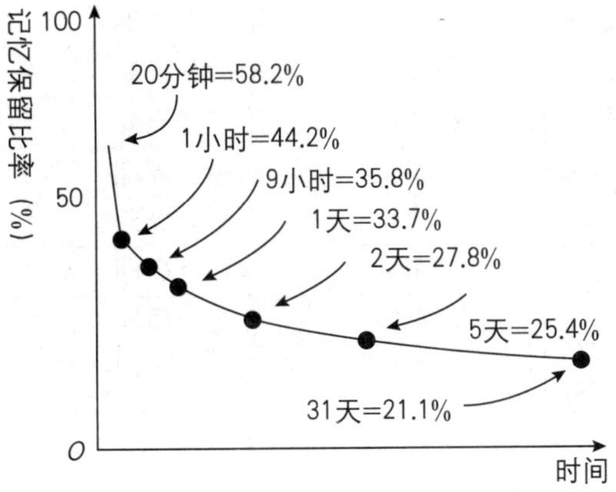

艾宾浩斯记忆遗忘曲线

经历过的事、思考过的问题、体验过的情感和情绪、练习过的动作，都可以成为人们记忆的内容。从“记”到“忆”是有个过程的，这其中包括了识记、保持、再认和回忆。比如很多人在学习外语的过程中，只注重学习当时的识记效果，而忽视了后期的保持和再认，因而不能获得良好的学习效果。艾宾浩斯记忆遗忘曲线告诉人们学习中的遗忘规律。有人做过一个实验，两组学生学习一段课文，甲组学习后不复习，一天后记忆率36%，一周后只剩13%；乙组按艾宾浩斯记忆规律复习（如下表），一天后保持记忆率98%，一周后保持86%，乙组的记忆率明显高于甲组。

艾宾浩斯记忆遗忘曲线的应用

遗忘规律		记忆规律	
时间间隔	记忆量	记忆周期	时间
刚刚记忆完毕	100%	第一个周期	5 分钟
20 分钟后	58.2%	第二个周期	30 分钟
1 小时后	44.2%	第三个周期	12 小时
8 ~ 9 个小时后	35.8%	第四个周期	1 天
1 天后	33.7%	第五个周期	2 天
2 天后	27.8%	第六个周期	4 天
5 天后	25.4%	第七个周期	7 天
1 个月后	21.1%	第八个周期	15 天

所以，刻意练习就显得尤为重要，包括我们在企业导入阿米巴经营的过程中，一个企业想落地阿米巴，关键也在于刻意练习。我每次到企业进行培训咨询，除了进行现场模拟实操，每一次都会给企业布置任务书，目标就是让企业不断练习、实操。在这样刻意练习的过程中，大家就慢慢掌握了阿米巴的实用技巧。根据大家完成任务书的情况，我还会不断帮助大家复习上一次学习的内容，帮助企业加强对阿米巴知识的使用。

当了解了这个遗忘的规律，就要通过不断练习克服其中的困难。销售人员是必须记住客户名字的，如果叫错名字，人家就觉得你不重视他，不尊重他，说不定就不跟你合作了。我们有这样一个练习方法，销售人员拿到名片会先记住，然后每隔一分钟再记忆一次，隔一两分钟再记忆一次，通常经过这样的练习就能巩固记忆了。我们掌握了记忆规律和遗忘规律就可以运用了，每次学完东西一定要复习。

学习是需要时间累积的，我们一天至少要学习3个小时，甚至可以学习10个小时，但并不是10个小时只做学习这一件事，而是我们可以做到无论什么时间什么地点都在学习，把所有时间利用起来，把学习的时长积累起来，学习必须有时间保障。一个人最主要的资源之一就是时间，你的时间花在哪里，它的产出就在哪里。你的时间花在哪里决定了你人生的道路，所以我们要慎重做选择，要做好自己时间的主人。

我们还要从个人学习延伸到组织学习，因为个人学习没办法给自己反馈，组织学习的时候反馈就比较多。比如很多企业都会组织读书小组，小组成员分享自己的读书感悟。

高效学习的几个工具

第一个工具就是书籍。

虽然现在有很多电子书，包括各种电子书阅读器，但是纸质书还是第一推荐。科学研究发现，阅读纸质书对读者的大脑健康是有好处的。第一，可以吸收更多信息，2014年意大利一项研究指出，印刷书籍的读者比电子书的读者能记住更多的内容，在移情、沉浸以及对叙事的理解等方面也会得到更好的效果。第二，纸质图书可以帮助儿童成为更好的读者。因为孩子们容易被电子设备分心，难以集中精力在故事本身。第三，纸质图书让眼睛更舒适。一项对429名大学生的调查显示，近半数的人在阅读数字书籍后抱怨眼睛酸胀。第四，阅读电子书的人往往更容易被打扰。数字阅读更倾向于扫描关键词，而不是全部内容。阅读纸质书不会被链接或其他植入内容分心。一项调查显示，67%的大学生会在阅读数字内容的同时进行多项任务，相比之下，阅读纸质书的人只有41%会受到其他任务的干扰。第五，纸质图书可以帮助你睡得更好。研究表明，黑夜中屏幕上的蓝光会扰乱褪黑激素水平和昼夜节律，使你更难入睡。而总体来说阅读时的大脑活动可以帮助你更快入睡。第六，根据对42个国家的读者的一项研究，在家里阅读更多纸质书的学生更有可能在考试中得到较高分数。第七，纸质书可以放大阅读的乐趣。一项对美国、斯洛伐克、日本和德国大学生的研究表明，92%的参与者喜欢实体的书籍，他们更愿意随时拿起并触摸它们。阅读纸质图书时，读到比较有共鸣的段落，可以在书上画线标注，在页边写下联想到的内容，在重要的页面折角，方便第二次快速复盘阅读。

第二个工具是手机。

智能手机功能强大，我们利用手机可以获得视频、音频、文字等大量信息。

第三个工具是电子书阅读器。

史书中对诸葛亮有这样的记载，“初，亮在荆州，与元直及汝南孟公威、颍川石广元游学，三人务于精通，而亮独观其大略”。说的是诸葛亮看书是看要点，看大略。有些经典的书籍，可以从头看到尾，还有一种书，属于“快餐”书，可以先从你最感兴趣的那一章节读起，然后再推导着往前或往后看，有些章节可以跳过去，对第二类书我们可以用电子书阅读器阅读。

第四个工具是随身携带的书籍、笔记本和笔。

书可以随时随地打开来看，随身携带图书，就是给你自己制造学习环境。笔记本可以随时记录灵感心得，下图的笔记本形式比较适用于整理思路，非常方便。页面主体部分用于记录学习到的知识，可以用思维导图等形式呈现；右边是提炼出来的精华点，复盘的时候只需要看这部重点提示就可以了；页面下方是思考心得，可以激发我们深度思考，有利于激发创造力。

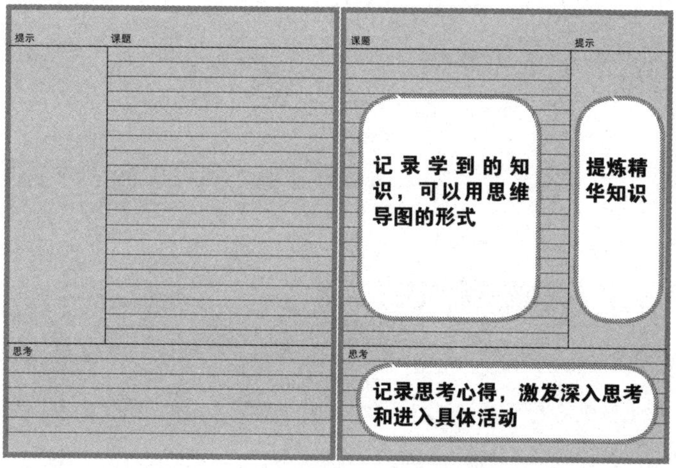

第五个工具就是大家比较熟悉的各种学习类APP，就不

多做介绍了。

最后要提的是，“学习不交费永远学不会”，因为免费的东西你不在乎，只有你花了钱，心痛了，有感觉了，才会在乎。我们学习阿米巴经营会计报表，建议大家对自己的收入和支出也做一份报表，然后拿出固定比例的费用作为学习费用，比如我目前就会以我收入的10%进行学习的投资，包括购书，购买课程等。

◎应用环节

挑选上述一两种适合自己的工具进行学习。

◎应用感悟

第二节
反省力

什么是成功的人生？成功的人生不是所得越来越多，而是能回到本心，清净纯正。人生如水，一路翻山越岭，如果裹挟的东西太多，就不再是纯净的水、清澈的水，而变成浑水、脏水。人生的旅途中，我们经历了很多，也特别容易蒙上很多灰尘，可是人生如果背负太多东西，负重前行，肯定走不远，走不高。如何让我们保持内心干净、纯净呢？

晚清名臣曾国藩告诉我们，人生的成功在于多反省以去掉我们心灵上的“糟粕”。年轻时的曾国藩欲望大，私欲重，只看自己得到的，好名好利之心与众无异。他最终的成功，在于悟出了做减法的秘诀。如何悟出的？就是通过反省，每日反省，每日记录。

曾国藩年轻时有三大缺点：性情浮躁，傲慢自大，与人交往虚伪不实。由于性格上的缺点，曾国藩曾经历过五次大坎坷。第一次是考秀才的时候被学台发公告指责文理太浅。第二次是他在做京官时，有一次画了一幅很丑的画，结果遭到其他官员嘲笑。第三次是咸丰皇帝登基后，曾国藩花了一年多时间写了好几篇奏折，指出大清的危机和问题，呼吁彻底改革，然而却被咸丰批了一通，更得罪了京城权贵。第四次是在长沙，曾国藩帮助地方官员办团练，但因为没有遵守潜规则，得罪了当地官员，地方官怂恿绿营官兵，当众羞辱了他。第五次是在江西，他率领湘军与太平军作战，就地筹饷的时候，地方官不配合，各种刁难，曾国藩一怒之下直接上奏参劾，那名官员虽然被革职，但是整个江西的官员都视曾国藩为敌人。

经历了这些坎坷，曾国藩开始反省自己。人们都说，一个人想彻头彻尾改变，一定是经历过让自己很难过的事情。在笔者看来，这句话完全正确，很少有人没有经历艰难就能改变自己的习惯，改变自己的性格。

曾国藩的反省方式，是坚持每天写日记，记录自己每天的所作所为所想，并在日记中反省。这是一个很好的方式，因为我们的所思所想，实际上瞬息万变，及时记录下来才能提醒自己，也便于后续回看自己心境的变化。但事情总是说起来容易，做起来难。况且坏习惯的养成远比好习惯的养成容易得多，所以曾国藩刚开始每天写日记的时候，还是会自怨自艾、后悔不已。

曾国藩还选择和一些良师益友一起交流学习，让别人督促批评自己。他拜理学大师唐鉴和倭仁为师，虚心地向他们求教可以改变自身缺点的方法。倭仁也是唐鉴的学生，他教给曾国藩两个方法。第一个就是写日记。他告诉曾国藩，一个人最不容易原谅的是别人，最容易原谅的是自己，要敢于把自己每天的所思所想及所错所误都记下来，勇敢并不只是面对别人，那叫匹夫之勇，真正的勇敢是敢于面对自己。一丝不苟地把自己的错误记下来，这样就可以触目惊心，改起来就容易多了。曾国藩是既好学又有毅力的人，他此后一生都写日记反省自己的得失，只中断过很短一段时间。曾国藩通过反省获得重塑自我的智慧，这一智慧在对子女的教育中，是他特别着重强调的。

保持每天写日记的习惯，把自己做过想过的事情全部记录下来，以便时刻自我反省，发现自己存在的问题，这就是自省的精神。《道德经》中说，知人者智，自知者明。一个人具备了了解自己的习惯，能够做到时刻反省，才能生活得更好。

古人就说：时时检点自己且不暇，岂有功夫检点他人。时刻去检查自己的错误都已经应接不暇了，哪有时间去找别人的问题呢。但是我们很多人已经习惯于去发现别人的问题，我们的手指着别人，质问他们，可是这个时候，我们会发现，当我们用手指着别人的时候，实际上我们是一根手指指着别人，三根手指却指着我们自己，指责别人的时候，实际上仍然是在指责我们自己。自我反省是成长必备的一个因素，一个人要经常自省，不要老是指责别人的错误，这样的人永远不会成功。很多人反省自己半天，觉得没有改变什么，其实那是他忽略了反省的意义，没有认真对待。

真正的反省拥有一种仪式感，曾国藩每天都要写日记，并且用正楷体字写，认真对待自己的问题。当你深刻地认识到这些问题给自己带来的不利时，你就能产生一种改正的决心了，也意识到改正的必要性。如果只是流于表面想一下，这样的反省是毫无意义的。你用了多少心思反省，它也会给你同等的回报。自我反省是一个自我解剖的痛苦过程，我们需要巨大的勇气认识自己的错误，需要用坦诚的内心去面对。孔子说过：君子之过也，如日月之食焉。过也人皆见之，更也人皆仰之。就是说：君子的过错就好像日食和月食一样，犯了过错人人都看得到，改正了，就会得到更多的崇敬。所以，我们是否能够勇于直面自己的错误，也是磨炼我们经营者心性的一种方式。

人必须要养成反省的习惯，日日自省，通过反省来发现问题，改正问题，从而提高自己。这不但能够修养自己的心性，还能够让自己达到通透的状态，延长自己的生命，这就是反省的意义。

日本经营之圣稻盛和夫在《六项精进》一书中提到，

六项精进的第三项是“要每天反省”。一天结束后，回顾这一天，进行自我反省是非常重要的。比如，今天有没有让人感到不愉快？待人是否亲切？是否傲慢？有没有卑怯的举止？有没有自私的言行？回顾自己的一天，对照做人的准则，确认自己的言行是否正确，这样做十分必要。自己的言行中，如果有值得反省之处，哪怕只有一点点，也要改正。天天反省也能磨炼灵魂、提升人格。稻盛和夫年轻的时候，有时也会傲慢，因此，作为每天的必修课，他都要自我反省。

书中还提到，抑制邪恶的自我，让善良的真我伸展，抑制自己的邪恶之心，让良心占领思想阵地，这个作业过程就是“反省”。所谓良心指的是“真我”，也就是利他之心，怜爱他人，同情他人，愿他人过得好。与此相反的是“自我”，指的是利己心，只要自己好，不管别人。无耻的贪婪之心就属于“自我”。回顾一天，想想冒出了多少“自我”，抑制这种“自我”，让“真我”，也就是利他心活跃，这样做就是“反省”。在人的心里，“自我”与“真我”同在。“自我”是邪恶、贪欲、利己。而高尚的利他心、美丽的慈悲心、温柔的同情心，就是“真我”。

总结一下，反省力修炼提升的好方法就是随时随地进行自我反省，因为你每反省一次，就相当于PDCA循环了一次，精进了一次，保持自己每天进步1%。

具体该如何反省呢?

首先在做某件事之前，我们要设立一个目标，做完这件事之后，自己进行放电影式复盘和反省，记录自己做得不错的地方和需要精进的地方。如果是一个团队完成的事情，也可以团队共同进行反省总结。

这种反省效果比较明显，有两个关键点，第一就是及时反省很重要，最好是事情结束马上反省，因为时间过长，就会导致对当时自己的表现情况记忆模糊、不清晰，回忆不起来详细的内容；第二个关键是要用文字进行记录，因为在反省的时候总结的内容是很丰富的，如果此时不做记录，以后遇到同样的事情，可能还会犯同样的错误，因为没有记录下来，很容易就会忘记。

我们在阿米巴经营系统的导入过程中，各个利润部门和非利润部门会每周进行业绩分析会，每次会总结和复盘上次的工作计划的效果数据和经营数据，针对没有达成设定目标的情况，用“五个为什么”工具，分析和反省根本原因，马上进行调整。其实这本质上是应用了反省这个技巧，让大家复盘总结，提升反省力。

提醒大家一点，我们反省的时候通常都会反省自己哪里做得不好，但是如果想让我们的内心接受反省，并且喜欢上反省，我们一定还要反省自己做得优秀的地方。人在本质上是愿意追求快乐、逃避痛苦的，所以我们首先要反省我们优秀的地方，先肯定自己，再反省自己哪里不好，需要提升。坚持下去，我们就会从内心逐渐接受反省这种方式，并能发挥其作用。

有一组算式从数据上证明了反省的重要性。1.01的365次方等于37.8，意思是每天进步0.01，坚持365天，最终你会进步到37.8倍；但如果你每天退步0.01，坚持365天，你最终只剩下了0.03，这两个数字对比起来还是很有力量的。

学习就如逆水行舟，不进则退，当你没有进步，别人都在进步的时候，其实你已经在退步了。数字说明，只要每天坚持比别人多努力一点点，你的人生就会有大不同。我们再来看，1.02的365次方等于1377.4，0.98的365次方等于0.0006。如果上组算式告诉我们，积跬步以至千里，积怠惰以致深渊，那这一组算式则告诉我们，只比你努力一点的人，其实已经甩你很远了。所以，每天进步一点点，保持每天反省，你离成功就会很近（如下图）。

数字说明，只要每天坚持比别人多努力一点点，你的人生就会大不同！

$$\begin{cases} 1.01^{365} \approx 37.8 \\ 0.99^{365} \approx 0.03 \end{cases}$$

这一组算式告诉我们，积跬步以致千里，积怠惰以致深渊。

$$\begin{cases} 1.02^{365} \approx 1377.4 \\ 0.98^{365} \approx 0.0006 \end{cases}$$

这一组算式告诉我们，只比你努力一点的人，其实已经领先你很远了。

两组算式的对比启示

学习力和反省力是巴长七大能力中排在前面的两项，优先于后面的五大能力。因为在阿米巴的体系中，我们认为，一名合格的巴长，价值观是被考虑在首位的，其次是百分百承担责任，而能力排在最末，尤其是选择比较重要岗位的负责人时，更侧重于价值观。而且你会发现，一名优秀的巴长，价值观或者说立场格局需要五年甚至十年才能培养出来，而能力可能只需要一到两年即可培养成功了，一个人学习的态度和学习的心态以及能力很重要，如果他能够很积极地去学习，即使目前能力不足够胜任，也会很快提升到合格的水平。另外，一个人是否能够自我反省，决定了这个人能否走得更长远，因为世界上最难战胜的人，其实就是自己，如果我们能够每天与自己“作战”，接纳和推翻以前的自己，那么带领一个部门也会取得比较好的成果。

◎应用环节

将上面提到的反省方法运用到平时工作或生活中。多久反省一次？以什么方式反省？是否需记录？

◎应用计划

◎应用感悟

第三节
决策力

决策力告别纠结的人生。

1955年，美国《财富》杂志列出的全球500强企业今天只剩下了三分之一。世界上1000家破产倒闭的企业中，有850家是因为决策失误造成的。有数据显示，企业增加一个劳动力可以获得1∶1.5的经济效益，企业增加一名技术人员可以获得1∶2.5的经济效益，企业增加一名高层决策者则可以获得1∶6的经济效益。数据表明了决策的重要性。决策是一项技能，可以通过学习和训练得以掌握并且不断提高。

你是不是也碰到过以下类似的问题。

• 我该成为专业技术人才还是做管理型人才？

• 上班有些年头了，我该继续努力还是去创业？

• 一直都没有升职加薪，我该不该找老板谈一谈？

• 有竞争企业挖我，我该不该跳槽？

• 下属反应我过于严格，我该坚持严格还是改为宽松？

• 上班时间长、工资高和上班时间短、工资低，两个工作该选哪一个？

- 我该不该先结婚？
- 应该先有积蓄还是先生孩子？
- 买房子是选交通方便的，还是选孩子择校方便的？

…………

你会发现，无论是生活中还是工作中，处处都充满了决策。

有一句话说：管理的核心是决策，正确的决策决胜千里，而错误的决策则南辕北辙。在阿米巴经营中，每个巴长都是“老板”，老板就意味着“老是拍板”，总是在决策并勇于承担决策的责任。很多人当不了领导者，原因是其没有勇气决策，是勇气能量值不够。在企业里工作，如果你发现领导者决策非常精准，非常快，那一定是他之前做过很多次决策，逐渐变得越来越具有决策的“灵感”。所以，“没有犯过错的巴长不是一个好巴长”，没有决策失误过的老板不是好老板，一个优秀的老板，都经历过多次决策失误，承担过很多次失败责任，逐渐决策能力越来越高。

什么是决策？

决策就是在组织外部环境及内部条件的约束下，为实现组织特定目标，从所拟定的若干个备选方案中选出较为满意的方案付诸实践的管理活动。在我看来，决策就是在做选择题。从小到大，报考学校如何填写志愿；毕业找工作选择哪个行业、哪家公司、哪个城市；如何去选择我们的另一半，甚至是，今天晚餐要吃什么……太多事情，决策无处不在。很多人对决策头疼，遇到事情要考虑很久，比如出门选择衣服，对有的女生就是一个世纪难题。好的管理者和经营者，一定是好的决策者，决策是管理的基础。

如何做好决策？

我的经验是要进行对比，比如两种方案，通过对比选择劣势最少的那个决策会比较稳妥，成功率高。不决策其实也是一种决策，也就是选择保持现在的状态不变，只要我们能够勇于承担决策的结果。也可以聆听身边人的意见和建议，帮助自己梳理决策思路。很多时候我们处于本我的状态，跳不出自己的思维框架，多聆听来自不同生活环境的人的建议，能够获得启发，对决策有帮助。决策没有绝对对和绝对错，对决策价值的评价取决于目标的达成度，我们只能尽可能提高决策的质量。

做决策的步骤是什么？

第一步是识别问题与信息收集，我们要有一双发现问题的眼睛，看到需要我们决策的时刻或者事件。第二步是确定聚焦目标，以终为始，我们要解决的问题是决策的核心要素。为了决策而决策，或者是解决不了问题的失策，就脱离了决策的本质，所以必须弄清楚要达成的目标是什么。第三步是制订解决问题的方案，可能会有多个方案。

第四步是做出决策。第五步是实施方案与评估反馈。决策的过程也是技能不断自我精进的过程，如果决策正确你会给自己肯定，如果决策错误就要反思检讨，通过这样的操作，让自己不断提升。

做决策的原则是什么？

第一，信息准确原则。一定要收集足够的信息，比如我们巴长做下一年的经营计划时必须要收集前一年的销售额、费用等数据。

第二，对比择优原则。

第三，创造性原则。人是有习惯的，我们对待同样的事情，可能会下意识做出与以前相同的决策，但这样是不可取的，因为即使是同样的事情，一旦我们的目标不一致，决策也应该是不一样的。

第四，可行性原则。无论我们做出的决策是什么，一定要具备可行性。

第五，跟踪反馈原则。这个原则很关键，因为前面四个原则保证我们决策尽量不失误，但是还是会发生决策失误的情况，这时候就需要我们在决策后不断跟踪反馈，从而能够及时调整错误决策，避免扩大失误影响。

决策的基本要求是什么？

第一，把握问题的要害。决策首先要求找出关键性问题和认准问题的要害，并说明为什么要针对这个问题而不是针对其他问题做出决策。关键问题抓不住就解决不了问题。第二，明确决策的目标。第三，至少要有两个以上的可行方案。每个可行方案都要具备以下条件：能够实现预期目标；各种影响因素都能定性与定量分析；大体估计不可控的因素发生的概率。要对决策方案进行综合评价，每个方案都有积极作用和消极作用，“既要马儿跑又要马儿不吃草”是不现实的，但“既要马儿跑又要马儿少吃草”是可能的。第四，敢冒风险。一是具有勇气承担风险与责任；二是冒风险不等于蛮干，要有应对风险的计划。第五，把决策过程看作一种学习过程。决策是一个动态的不断进取和进步的过程，在决策的实施过程中需要逐渐完善与修改。第六，提升决策的质量。决策质量的提升有三个制约条件：知识能力、人际关系资源、逻辑概念化能力。

有哪些决策力工具?

第一个决策力工具是解决问题的五步法。

第一步是从现场发现问题。无论是在现场看报表，还是在现场看动作，首先是发现问题。第二步是界定问题。我们习惯性地发现问题后就去制订解决方案了，但是实际上我们还没有找到这个问题的根本所在。第三步是用结构化的思维列举方案。第四步是评价这个方案，模拟推演一下。第五步是实施方案。在实施过程当中应用五定原则；定人、定事、定时间、定动作，定考核、定激励。

第二个决策力工具是阿米巴经营会计报表。

关于报表，分为定量决策和定性决策。定量决策是可以用数字来表示的决策，是可以计算和计划的。定性决策不能用数量数字来表示。决策的重点在于定性决策。

第三个决策力工具是“五个为什么”。

简单来说就是要找到五个问题的答案。当然，并不一定要问五个为什么，也有可能是三个，也有可能是十个，问题多少取决于你是否通过这些“为什么”找到了事情的根源。而我们在平时看到的常常都是事情的表面（如下图）。

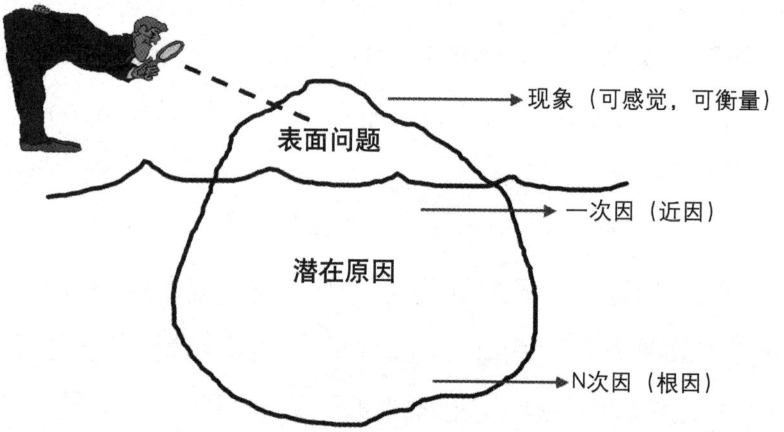

事情的表面和根本

比如，你今天上班迟到了10分钟。为什么会迟到10分钟呢？因为出门比平时晚了15分钟。为什么会比平时晚出门15分钟呢？因为起床比平时晚了10分钟。为什么起床会晚呢？因为没有被闹钟叫醒。为什么闹钟没有叫醒你呢？因为睡得太熟了没听到。为什么睡得太熟呢？因为昨天深夜两点才睡着。为什么深夜两点才睡着呢？因为昨天晚上喝了咖啡。这样我们就找到了事情的根本原因，解决问题的办法是以后晚上不喝咖啡了。再比如，一条生产线的机器总是停转，虽然修过多次但仍不见改善。于是管理者与工人进行了以下的问答：机器为什么停了？因为机器超负荷，保险丝断了。为什么会超负荷呢？因为轴承润滑不充分。为什么没有充分润滑呢？因为润滑油泵供油不足。为什么供油不足呢？因为油泵轴磨损，已经摇晃了。为什么会磨损呢？因为没有过滤器。最终的解决办法就是加过滤器。“五个为什么”是一种找到问题根源的办法，如果没有这种追根究底的精神来发掘问题，很可能只是解决表象，真正的问题还没有解决。我们很多时候做错误的决策，其实就是因为我们在做决策之前没有找到根本问题，所谓解决问题都是“隔靴搔痒”。

第四个决策力工具是结构化思维。

结构化思维就是“结果+结构+逻辑+细节”。结果代表目的，结构代表分类，逻辑代表排序，细节代表论点。结构化思维侧重结果，为结果服务，结果架构逻辑和细节。就像一本书，书名、章、节、段落、句子构成整体。我们想要某个结果，可以分几个模块操作，每一模块又可以理解为一个结果，每个结果又分几个模块操作，每个作为结果的模块又分为几个小步骤……

举个例子，你想要解决餐饮公司菜品中有头发的问题，这是目的。解决这个问题应该分几个部分，比如前厅和后厨，前厅该如何做，后厨该如何做。解决前厅问题又分几个部分，后厨也一样，这是逻辑。最后落实到具体能够执行的细节上面，这就是结构化思维，一环套一环。再举个例子，一个二十斤的西瓜该怎么吃？一刀切两半，接着切四块、八块……切到方便吃为止，从大到小，也是一种结构化思维。再比如，想要公司的业绩翻一番，这有点难度，但还是分成几个模块去实现。调一下产品结构，可以增长两个点利润率；降低采购成本，再提高两个点利润率；销售额再提高百分之二十……这就是结构化思维，从上到下，将大问题拆解为一个个具体问题，逐一解决。三个和尚没水吃，是因为没有将责任拆解落实到个人，若责任落实到个人，问题逐一拆解，三个和尚也是有水吃的。

第五个决策力工具是SWOT分析矩阵（如下图）。

SWOT就是优势、劣势、机会、威胁。“优势+机会”代表快速发展；“优势+威胁”代表扬长避短；“劣势+威胁”代表按兵不动，修炼内功；“劣势+机会”代表趋利避害。这也是可以辅助我们做决策的。

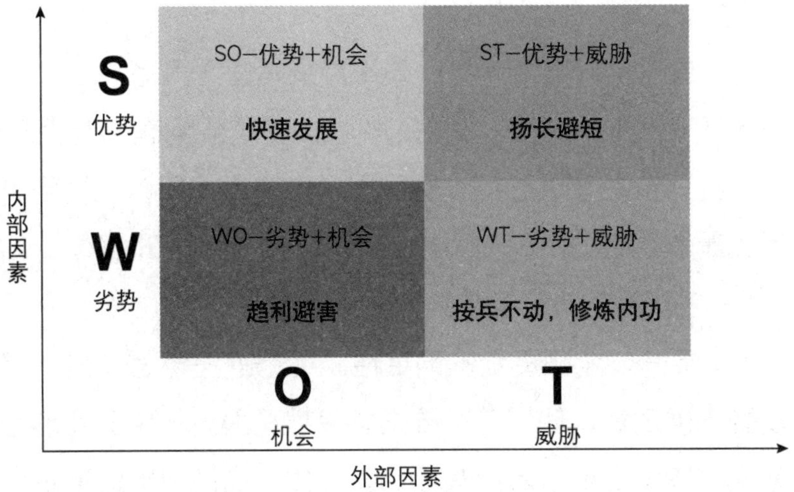

SWOT分析矩阵

第六个决策力工具是决策优劣势平衡单（如下表）。

我们可以利用这个工具对备选解决方案潜在优势和潜在的劣势及方案的可能结果进行评估。

决策优劣势平衡单

备选解决方案	潜在优势	潜在劣势	方案的可能结果

第七个决策力工具是“五定”。

“五定”即定人、定目标、定策略、定时间、定追踪。

第八个决策力工具是记住“最重要的事情永远只有一件”。

就像一个网球兜一样，如果你没有那个兜子，一个人拿十个球的时候，很可能会掉落，但是如果有网球兜的话，就可以把球装到这个兜子里轻松拿走。所以，找到你手边最重要的那件事去解决，其他问题也会迎刃而解。

一名优秀的决策者要具备哪些特质？

特质一，能够接受不确定性。优秀的决策者总是能够接受不确定性，他们并不要求所有摆在面前的情况都黑白分明，不一定要了解所有细节。比如，他们可能很清楚公司在国外的工厂出了问题，但对之前建立的体系很放心，相信不管怎样工厂总会得到很好的管理，他们相信问题一定会得到解决。所以，自己不一定要亲临事故现场。

特质二，做事懂得分轻重缓急。轻重缓急指的是做决策所遵从的框架。定义事情的轻重缓急可以从几个角度出发：长远地看问题；看到大局；采取行动不需要通过别人的同意；善于独立思考；拥有很强的道德观念。

特质三，善于倾听。善于倾听者通常会是更好的决策者。

特质四，总是能让大家对决定达成共识。

特质五，避免模式化。

特质六，懂得变通。

特质七，愿意接受软信息和硬信息。

特质八，对事情的成本和难度有清醒认知。

特质九，知道如何避免决策雷区。

特质十，必须有决策勇气和魄力。

对企业而言，一切都是讲究数据和成本的，决策失误或错误都会产生成本。该如何降低决策的失误成本呢？有八条：选好决策人，授权要充分；大错若不犯，小错容三分；决策到现场，纸上兵不论；机制早建立，防止一人昏；程序要严格，审批止三旬；信息系统强，一手需认真；量体好裁衣，资源必先问；行动细安排，进退有分寸。

◎应用环节

王经理打来电话说，他3点钟不能参加会议。小孙说，他不介意晚一点开会，把会议放在明天开也可以，但是明天上午十点半之前不行。可是明天会议室已经有人预定了，但星期四还没有人预定。唐总的秘书说，唐总明天很晚才从外地回来。会议时间定在星期四上午十一点似乎比较合适。

假如你来汇报，什么时间开会合适？

◎应用环节

应用决策力提升的八个工具，计算决策成功率，并分享应用感悟。

第四节
钝感力

巴长第四个重要的能力是钝感力。我们在给企业辅导的过程中，发现很多巴长工作非常辛苦，很多时候身兼数职，但这并不是因为没有人去做这些工作，而是巴长认为别人不如自己做得好。久而久之，不但部门的人员没有成长，巴长自己也变得非常疲惫，没有充分的时间去做一名巴长应该做的决策。阿米巴的核心概念是让巴长和全员一起幸福工作，所以这时钝感力就变得尤为重要。

关于钝感力有一个案例。1965年9月7日，纽约举行一场台球世界冠军赛。这场争夺赛是在路易斯·福克斯和约翰·迪瑞之间进行的。这两位都是台球奇才，观众们静静地观看比赛，福克斯得分遥遥领先，他只要再得几分，这场比赛就将宣告结束。这时气氛十分紧张，福克斯信心满满准备做最后几杆漂亮的击球，迪瑞沮丧地坐在角落里，他的败局已定。突然赛厅里飞来一只苍蝇，它嗡嗡作响，绕着球台盘旋了一会儿，然后钉在了主球上，福克斯微微一笑，轻轻一挥手，赶走了苍蝇。他盯着台球伏下身子准备击球，可是这只苍蝇第二次飞到球桌上方盘旋，而后又落在主球上，于是观众中发出了一阵笑声，福克斯又将苍蝇赶跑了，他的情绪并没有因为这种干扰而波动。但是这只苍蝇第三次回到了球桌上，观众发出了一阵狂笑，原本冷静的福克斯这次再也不能保持冷静了。他用球杆赶苍蝇，不料球杆碰到了主球，这样福克斯就失去了继续击球的机会。于是，局面翻转，迪瑞夺得比赛的胜利。第二天早上，福克斯的尸体在一艘游艇上被发现，他自杀了。

钝感与敏感相对，只有钝感系数与敏感系数达到平衡，人才更容易保持较为理性的思维。钝感力，意为对周遭事物不过于敏感的能力，钝感不等于迟钝，钝感强调的是对困境的一种耐力，是“厚着脸皮”对抗外界的能力。它体现一种积极向上的人生态度，即从容面对生活中的挫折和伤痛，坚定地朝着自己的方向前进，它是赢得美好生活的手段和智慧。这些结论来自渡边纯一的作品《钝感力》。

有钝感力的人，不会因为一些琐事而情绪波动，甚至走向人生的毁灭。忍耐、包容、专注是支撑钝感力的三个元素。

钝感力有五项铁律。

第一项：迅速忘却不快之事。现今社会时间宝贵，一些令人不愉快的人和事会干扰日常工作和生活，影响注意力，万事都应想得开，随时随地保持心理平衡，宠辱不惊，恪守平常心。

第二项：认定目标即使失败仍要继续挑战。不走心的努力，都是在敷衍自己，失败的人找借口，成功的人找原因，从哪里跌倒就要从哪里爬起来。风雨不弃、荣辱不惊、不卑不亢、砥砺前行，用努力编写青春的华彩篇章，要相信阳光总在风雨后，生活不会辜负每一个努力的人。记住一句话——永远没有压力，只有挑战。

第三项：坦然面对流言蜚语。不在乎讽刺和打击，坚定自己的信念，不要理会周遭目光，做自己认为对的事情。在我看来，稻盛和夫《六项精进》中所提到的第六条“不要有感性的烦恼”，大概说的是同样的意思。

第四项：对嫉妒讽刺常怀感谢之心。要感谢生活工作中每一个让自己“难受”的时刻、事情和人，正是因为这些让我们痛苦，也才让我们有机会“涅槃重生”。

第五项：面对表扬不得意忘形。任何时候都不可以骄傲，满招损、谦受益，时刻保持空杯心态，保持精进。

如何在工作中应用钝感力？

最重要的是巴长要学会授权。很多时候，员工在升迁之路上披荆斩棘，不是销售精英就是执行力超强，才走到目前的岗位上，然而当处于经营管理者角色的时候，很多人都会有一种烦恼，就是对员工的工作达成效果不满意。

这是因为一直以来，这些人总是只相信自己，对其他人多多少少带着几分怀疑，任何事情都想要自己一手处理，即使自己做得不好，心里面也是踏实的。很多工作，巴长不敢交给下属去做，巴长会自己来承担本部门的大部分工作，最后造成下属的能力没有得到很好的提升，巴长自己的时间变得越来越紧张，部门的工作结果差强人意。这一切就是由于巴长对下属工作结果的钝感力不够，没有学会授权。巴长应该要学会容忍和包容下属工作结果的不完美，通过授权这个方式，提升下属的能力。

巴长如何合理授权呢?

第一步，巴长要对自己部门的事情做一个梳理清单，明确哪些是可以授权给下属的工作，然后明确以下内容：被授权的人选、具体工作内容、完成的标准、完成的时间。这是尤为重要的第一步，如果这些准备不够充分的话，会必然导致授权的最终结果不如人意。举例来说，并不是所有的事情都是可以授权的，把事情交给不会处理的下属和把事情交给最好的员工处理，不同的选择，会影响接下来工作过程的跟进方式。

第二步，针对授权的事情与下属进行沟通。这一点也很重要，因为你会发现，很多时候并不是员工处理不好工作，而是你根本没有与他沟通明确完成的标准和时间，甚至没有沟通，仅仅下达了一个口令，这样做必然影响结果。

第三步，过程中的检查或者抽查。检查是针对没有相关事情处理经验的员工，工作过程中一定要多给他们支持，多去关注他们的完成进度，确保结果。而抽查多针对经验比较丰富的员工，经验丰富的员工，能力是非常强的，他们已经非常了解处理事情的方法，所以从心理学角度来讲，他们是不需要也不希望巴长在工作过程中过多干预和检查的，他们会将之理解为不信任。

第四步，也是最后一步，就是回馈。当巴长收集到工作的解决结果，是要给员工回馈的，无论解决的好与不好，都要及时给员工回馈，这样便于他们找到成就感和快速提升能力。你会发现，60%以上会出现不如人意的结果，但这正是修炼你的钝感力的时候，不要对员工太过苛刻，通过授权给他们足够的空间和方法去成长，用时间将每一名巴员都变成和你一样的执行力超强的人，这便是最美好的也最值得期待的事。

当今社会，我们需要的是宽容平和、泰然处之、不急不躁的钝感力。生活总是矛盾的，我们需要主观改变自己，去面对和接受客观存在的问题，养成自己的钝感力。

◎应用环节

应用授权工具。

授权清单如下。

授权事项	授权人选	事情完成的标准	完成时间	是否完成

◎应用环节

第五节
专注力

回顾一下你自己做过的事情，坚持最长的时间是多久？

专注力也就是精神集中力，关注的是注意力集中的程度，即是否能将全部精神能量集中在某一目标上，并完全摆脱一切次要的外部影响。美国著名心理学家特瑞斯曼教授指出，如果想成功地控制工作和生活，就需要具有足够的专注力。

在神经系统科学家看来，我们的专注肌肉其实是由三部分构成的。第一是中央执行系统，中央执行系统存在于我们大脑中的前额皮层处，负责思考和计划。第二是焦点，把注意力焦点集中于你手上的任务，可以助你更为高效地工作。第三是意识，意识到你的内部环境和外部环境正在发生什么，可以帮助你更专注细致地工作。

其实我们从钻木取火和放大镜点火这两个小实验就可以看出，当专注于一点的时候，力量是无穷的。

专注的力量是什么原理呢？其实对于人类来讲，当你专注于一个念想的时候，就会形成信念，从而激活自己的思想震动频率，与之匹配的想法和行动就会纷至沓来，使你对这个想法的达成变得更加容易。有一个词叫作“心想事成”，可以理解为，当你开始专注，便会不断聚集能量，就像放大镜点火，阳光透过凸透镜聚焦在一个物体上，其产生的光和热几倍于同一光源的光线分散发射，这种情况下自然容易达成目标。人的注意力同样如此，若是分散了只能得到一般的结果，唯有将注意力集中于一个目标上，你的所有行动，有意的也好，无意的也罢，才会全部朝着该目标进军。

但是人的注意力很容易涣散，并且，当我们每天都不得不面对大量信息处理的压力时，当我们跟任务竞赛而又不能区分优先次序时，注意力缺陷就会出现，不仅集中不了注意力，反而会冲动、着急上火、感到内疚，觉得自己不行。美国马萨诸塞州萨德伯里大学的爱德华·豪威尔伯博士研究发现，习惯同时做多件事情的人很容易注意力涣散，并陷入不可自拔的焦虑当中。所以我们需要全神贯注，专注是我们对一个特定对象使用感官，包括视觉、听觉、嗅觉、味觉、触觉的集中程度。这就和打仗一样，要集中绝对优势兵力，两倍、三倍、四倍，有时甚至是五倍或者六倍的兵力对敌人力求全歼，避免打消耗战。

你是否成功，关键在于你是否把所有的精力都集中在所追求的目标上，专注力可以决定你成就的高低。这就像摊鸡蛋煎饼一样，当摊得足够大的时候，这个鸡蛋煎饼处处都是很薄的，然而，你在工作中要对自己擅长的领域进行定位，然后开启“一米宽，一万米深”的精进模式。比如你对营销感兴趣，也比较擅长，那就要对营销进行深度精进，关注营销的概念、营销的方法、营销的渠道等所有相关信息，使自己对营销的擅长程度越来越高，并且足够专业。不能做的是营销也学，财务管理也学，产品开发也学，这样保证不了专注，就不会产生聚集的能量，结果自然就不会有所成就。

哈佛大学的心理学家曾经组织了一项有趣的研究，结果发现，我们醒着的时候，有47%的时间都处于思维漫游状态，也就是说，我们有几乎有一半时间都在走神。统计数据显示，80%的一般中小企业在创业后的五年内便倒闭，一个重要的因素就是这些企业没有把最主要的精力放在核心业务上，没有全力提高自身的核心竞争力以获得专业优势的规模效益。

在全球电信企业一片萎缩的时候，高通公司的股票价格却高速上涨，这便源于其更专注于自己核心业务的决策——高通公司果断卖掉其他制造部门和工厂，专注于知识产权授权和芯片业务的发展。后来芯片部门也独立出去，高通变得越来越专注。还有爱普生，爱普生曾涉足过个人电脑、电脑存储产品等诸多领域，但无奈的是，这些业务并未给爱普生带来利润，后来爱普生果断地将存储产品业务取消，个人电脑则外包生产，公司专注于打印机业务，取得了很好的业绩。

所以，专注力才是你解锁成功人生的关键。村上春树在书里说“跑步为了什么？”“为了专注力。”就是把自己所拥有的有限才能专注到必要的一点的能力，如果没有这个，什么重要的事你都无法达成。曾国藩在《讲事贵乎专之理》中说道：“求师不专，则受益也不人；求友不专，则博爱而不亲。心有所专宗，而博观他途以扩其识，亦无不可。”资源、精力永远都是有限的，只有专注才能将其效果发挥到极致，只有专注才能达到精深。

如何在工作中提升专注力？

纽约一个信息技术研究公司调研了1000个人，发现他们受干扰而被消耗的时间占全部工作时间的28%。以员工发邮件为例，平均要花11分钟，而一旦他们被打断，再继续原工作就平均要花25分钟。那么一天有效的工作时间是有多长呢？据Linkedln中国统计，一名上班族工作时间8个小时中真正有效的工作时间往往只有90分钟，其他大部分时间都被浪费在各种让人分心的事情上，包括处理邮件、看新闻、刷社交媒体、和同事侃大山、吃零食、放空走神等。

不专注时，人们只对事物的个别特征进行初步加工，而在专注情况下则能精细加工并将其整合为一个整体，也就是说，只有在专注的情况下，我们才能成功地完成手上的任务。所以，专注能够使你具备核心竞争力。

提升工作专注力有以下两个方法。

第一个方法是番茄工作法。番茄工作法就是每一天都要列出自己的待办清单，任意一个任务工作25分钟之后，你的番茄钟就会提醒你休息5分钟，然后再去工作，工作25分钟后番茄钟又会提醒你休息5分钟。完成一项任务记录一下，并且进行自我评估和调整，这样你完成你的每一项工作都非常聚焦，而且会有时间限定。

第二个方法是帕累托法则（二八法则）（如下图）。这个法则是说，大量烦琐的任务会占据你80%的时间，然而这些任务只能产生20%的收益，而极少量重要的任务只占据你20%的时间，却能产生80%的收益。所以，你需要找到能够产生80%收益的那些事情，用你最专注的时间去处理它。专注完成最重要的事情就像推倒第一块多米诺骨牌，剩下的问题都会迎刃而解，虽然每个骨牌很小，但每个骨牌能推动比它大一倍的骨牌，一旦传递下去，所有骨牌都会被推动。你撬动这个世界只需要找到最重要的那张骨牌，所谓找到一个支点就能撬动地球，关键在于怎么才能找到那个支点，那一件最重要的事情到底是什么。你的待办事项清单里面会有“可以做的事情”“应该做的事情”，但是一个成功者的清单，都是“应该做的事情”，你需要做减法，减法再减法。

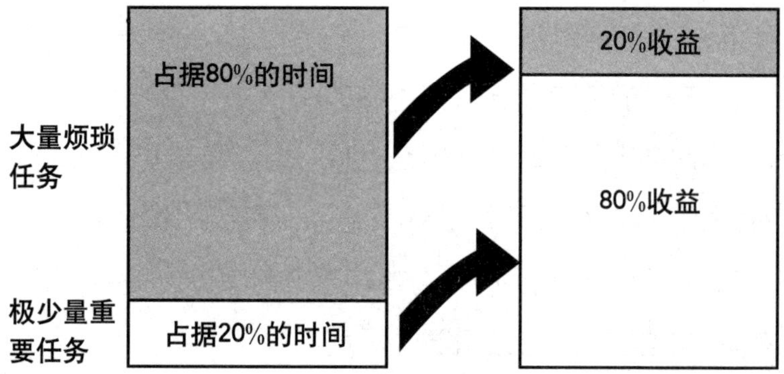

二八法则

◎应用环节

选择一个工作中你最想研究的领域或者模块，列出专注研究的计划。

选择一个生活中你最热爱的爱好，制订深度钻研计划。

◎应用感悟

第六节
沟通力

在我们的工作和生活当中，经常会发生沟通障碍，从而让一些很简单的事情变得难以解决。产生沟通障碍的原因一般有两个。第一个原因是双方对一件事有不同的观点，彼此会无法理解和接受对方的看法，由此产生沟通障碍。第二个原因是存在强烈情绪，包括不满、暴躁、傲慢无礼、发号施令、回避、讽刺挖苦、命令、威胁、多余的劝告、模棱两可的保留信息，转移注意力等，这些都会导致沟通障碍。

出色的沟通能力有很多作用。

第一个作用是可以让我们的组织更加高效。比如家庭是否和谐，很大程度上取决于家庭成员是否能够顺畅沟通。又比如，很多人认为企业主要是从技巧或者方法提升业绩，可是实际上，沟通的顺畅，也是可以让企业的业绩获得增长的。

第二个作用是可以塑造良好的文化氛围。

第三个作用是可以改善人际关系。一个人要想在学校中、社会上、生活中都生存很好，依靠的是综合能力，包括智力、努力等，当然还有高效的沟通能力。今天，即使你有真才实学，但如果没有高效的沟通能力，也很难遇到“伯乐”。我们会发现，总有一些人，业务技能并不很强，但就是人缘好，升职快，这是因为他们在沟通能力上是占上风的。

第四个作用是可以改善个人的健康状况。当我们沟通无障碍时，就不会纠结，也不会生气，这都是有益于我们身体健康的。

事实上，我们大多数人没有接受过沟通训练，很多人从来没有觉得自己的沟通能力有问题。

真正的沟通是什么呢？真正的沟通是“沟”并且“相通”，也就是甲方将想要表达的意思说出来了，乙方将甲方表达的意思接收了，并给予反馈，这才是真正的沟通。

为什么巴长必备沟通力？因为得人心者得天下，沟通就是领导力，沟通就是执行力，沟通就是生产力，这样你的话语才是有能量的。作为一个巴长，你80%的时间都在做沟通，包括上下级沟通和同级沟通。

为什么说沟通就是领导力呢？因为“领导力=信任×尊重”，在沟通时，我们的态度，我们的沟通方式，我们的沟通场合都选择合适的前提下，我们是能够得到对方的信任和尊重的，从而也就获得了领导力。

沟通为什么就是执行力？因为高层将战略和方向传递给中层，中层将团队的运营方向进行业务PDCA传递给基层，基层才能把握运营的细节，反馈运营的信心。同级也是需要沟通的，同级的沟通就是打破部门墙，真诚透明进行双向沟通交流。这些都是执行力的落实。

为什么说沟通就是生产力？因为沟通的机制会产生生产力。比如，下一线拎包制度在美团公司里面很常见，公司的高层可以去一线帮助员工；比如，各个部门每周开的例会就是机制上的沟通。这类沟通会让我们的心离得更近，从而释放生产力。

究竟该如何有效沟通？

第一，确定沟通的目标是什么。在沟通过程中，有一点非常重要，就是沟通双方要有一个明确的目标。关于沟通的目标有两个内容需要梳理清楚。第一个是你本次的沟通内容会给自己带来哪些益处？第二个是你能为对方带去哪些益处？梳理清楚后，你的沟通要站在对方的角度上进行，这样便于对方很快接受，从而快速与你达成共识。

第二，沟通有四种回馈方式。第一个是正面回馈方式，就是不论对方说什么你都给予肯定；第二个是负面回馈方式，就是无论对方做得怎么样你都批评；第三个是修正性回馈，就是先肯定对方再提出建议；第四个是没有回馈。这四种回馈方式中效果最好的是修正性回馈。有一个公式很容易记住——YES, IF...BETTER. 代表着你必须先接纳才能达到协同工作。为什么要先肯定呢？因为赞美是最有效的零成本的激励大法。如果按照效果排序的话，优先建议修正性回馈。其次是正面回馈，也就是多去赞美。但这并不是泛泛的赞美，比如“你今天很棒！”这样的赞美是达不到效果的，因为这样的赞美不够具体，不够走心，一定要针对某个行为用心赞美，比如“你今天没有迟到，提前五分钟到会议室了，很棒！”最可怕的就是没有回馈，然而我们在工作中，会发现很多时候我们都忽略了沟通，认为对方是了解自己的意思的，或者看到对方有问题也不去沟通，这种做法久而久之伤害是最大的。

第三，学会“非暴力沟通”。正确沟通的表达方式是：第一步观察；第二步表达自己的感受；第三步说出自己的需要；最后一步表达请求对方做的事情。连起来的话术是“当我看见／听见……，我感觉……，因为我需要……，你愿意……吗？”我们可以看一个案例。一个妈妈看到女儿不做作业，很多时候妈妈就直接生气表达 “你怎么还不写作业，我们都说好了，今晚要早点做作业、早点睡觉，你怎么还不做！”这种表达显然是不利于顺畅沟通的，正确的做法是，先了解自己为什么会生气。首先妈妈特别看重今晚要早点休息。为什么呢？原来妈妈特别看重和孩子之间的相互协作，也看重孩子的成长和发育。然后妈妈恍然大悟，了解到自己是看重休息，看重协作，看重孩子的身体和成长，才会生气的。当妈妈这么做的时候，内心就慢慢平静下来了。也就是说，你只有先照顾好自己的内心感受和需要，去倾听自己，明白自己内心真正的需要的时候，你的表达才是有力量的。这时妈妈会说："亲爱的女儿，妈妈今天想早点休息，你是否可以早点做作业，做完作业后，我们可以早点睡觉。"

第四，提高沟通能力的技巧是倾听。苏格拉底说，自然赋予人类一张嘴，两只耳朵，就是让我们多听少说。倾听其实是世界上最好的沟通方式。倾听有五个层次：第一个层次是听而不闻；第二个层次是假装倾听；第三个层次是选择性倾听；第四个层次是专注地听；第五个层次是同理心倾听，最难的就是同理心倾听。

第五，认识沟通的结构——73855。在你沟通的过程当中，你说的语言的作用只占7%，语调、语气、声音的作用占38%，肢体语言的作用占55%。所以，在沟通过程当中，说什么并不是最重要的，如何说才是最重要的。第一要说对方听得懂的话；第二要突出重点；第三要真诚；第四要注意对方的反应；第五要立场鲜明；第六要有共同期望目标。只有这样才能够让沟通更顺畅，让你的团队更加理解你，跟你并行前进。

最后，在沟通的过程当中，要确保沟通的环境是安全的。马斯洛需求理论表明，人的内心是有安全感这样的需求的，所以保证沟通的环境安全，才能够让彼此畅所欲言。

◎应用环节

每天赞美身边的人三次，对一个人进行修正性的回馈。

◎应用感悟

第七节
演讲力

其实演讲就是一对多的沟通，是把自己的知识输出给听众，你的听众越多，注视你的目光越多，挑战也会更大。巴长要具备通过演讲力把内容输出给听众的能力。有不少员工会因为对上级的讲话感到莫名其妙而愤怒，甚至离职，这就是上级演讲力不足造成的问题。

如果想进步更快，除了对自己输入知识和能力，还应该把自己的精华输出给更多的人，也就是演讲给其他人。在当今社会，演讲变成了我们必不可少的一个技能，很多场景都需要演讲力。

带领团队的时候是需要演讲力的。在销售型公司、贸易型企业里面，带领团队取得更好的业绩目标，开好一个晨会，都需要演讲能力。

招标、上市、招商、路演等都是需要演讲的。

自我销售时是需要演讲力的。不管你现在是不是正处在销售岗位，你会发现在生活和工作当中都需要对自己的销售，你讲每一句话，都是销售自己的一种行为。当我们的演讲能力足够强的时候，我们可以让更多的人看到我们发光的部分，也能够很好地将自己的独特看法传递给更多的人。

“演讲”两个字，“演”代表表演，“讲”代表讲话，这两个字里面更重要的是“演”，“演”体现在两个方面。第一个是视觉方面，也就是演讲者的行为、服饰、健康状态、演讲辅助资料、PPT、演讲场所布置等；第二个是听觉方面，指演讲者的语音、语调、听众反映、现场音乐等。演讲的本质是思想的力量，演讲的核心是价值的传递，演讲的范围是主持、培训、主题发言等。演讲的气场尤为重要，那么如何来打造这个气场呢？就是通过以上两个方面——视觉和听觉。我们肢体语言的表演，我们的自信状态等，可以给人留下深刻的印象。同样的内容，不同演讲者演讲的现场氛围是会有不同的。

刚开始演讲的时候通常都会比较紧张。这个时候我们需要调整心态，把演讲当作一个礼物，当作给听众送礼物，这很重要，因为这是我们作为演讲者的一个发心——可以给听众利益。这是能够令你放松的一个方法，把演讲的过程当作派发礼物的过程。演讲的大忌是恐惧和乏味。人类沟通的一项“神秘”法则是，当你给予的时候你会变得更有趣，恐惧感也就消失了，你的状态会更好。

“送礼物”也是有结构要求的。开场第一句话要引起听众的极大兴趣，然后循序渐进，要让听众主动发现演讲的要点，最后完美收尾。

开场的时候自我介绍比较重要，开场的方式有以下几个：可以用“你”和“你们”开场；可以用数字开场；可以用提问开场；可以讲述让听众感到震惊的事情开场；可以讲述历史事件开场，从而让观众产生想象；可以讲今天发生的事。演讲的中间阶段、数据、案例与证明是很重要的。演讲收尾的时候，总结是至关重要的。

什么是好的演讲?

正如彼得・迈尔斯所说，当讲话的目的是改变听众的思想时，讲话就变成了控制行为，为了创造出不存在的某些东西而组织语言，这样的演讲是不具备灵魂的。一个好的演讲者，他首先不会完全按照提前准备好的内容进行演讲，一定是会以听众为主，而不是以演讲者为主。除此之外，好的演讲是幽默的，深入浅出的，与听众进行极多互动的，也就是大家经常听到的一个词，叫“共情”，不然就变成了一个人的表演，最终并不能实现演讲的价值。在演讲中，要多讲故事，讲好的故事，因为一般演讲都会传递一些新的知识内容，如何能在很短的时间内成功传递是很重要的。所以将新知识用大家都更容易理解的故事或者比喻表达出来，是很有效的演讲方式。讲故事有七大步骤：第一讲目标，第二讲阻碍，第三讲努力，第四讲结果，第五讲意外，第六讲转弯，第七讲结局（如下图）。举个例子，目标——追上心爱的姑娘王语嫣；阻碍——王语嫣不爱段誉爱慕容复；努力——找寻一切机会套近乎；结果——王语嫣还是不为所动；意外——慕容复要到西夏当驸马；转弯——王语嫣掉进枯井，段誉也跟着跳进枯井，王语嫣找到真正的爱情，从此两人过上了幸福的生活。

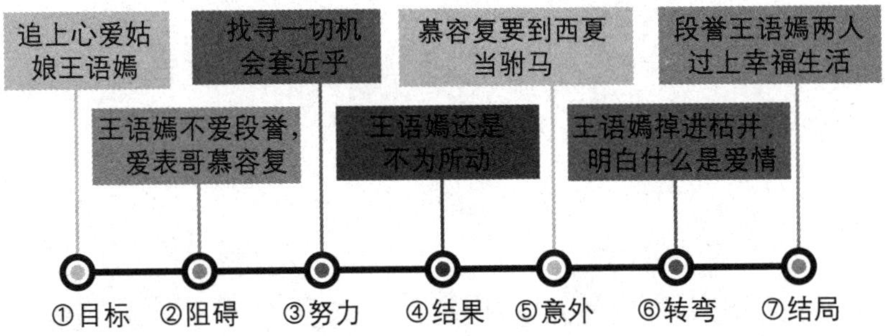

讲故事七大步骤

提升演讲力，需要注意以下演讲的六大原则。

第一，口语化、通俗化。我们发现很多演讲者以自己为中心的时候，会讲很多听众听不懂的东西，这样做是不妥的，要以利他心态，通俗化地把内容演讲给你的观众，这个原则很关键。

第二，做减法。不是讲得越多越好，而是要有结构、有条理，建议核心内容不超过三个。

第三，信息可视化。除了用嘴进行演讲，可以用其他可视化手段进行更好的补充，比如PPT。因为人类视觉的接受效率更高。人体获取外界信息平均80%都是来自视觉，所谓一图胜千言。关于演讲的PPT，要以听众为核心，要简洁，要减轻听众的眼、耳的负担，所以一页PPT只讲一个观点，每页讲两到三分钟，一页PPT不要超过30个字，字号不要超过3号，正文字18到24号，标题字28号以上。

第四，内容结构化。

第五，形象生动化。

第六，控制语速。

好的演讲能力是训练出来的，需要通过不断的实操、模拟和准备达到不断精进。刚开始的时候，一定会出现磕巴、紧张、忘记等状况，这时候我们可以按照以下四个步骤进行训练。

第一，着重训练对演讲内容的熟练掌握。因为你的一切紧张情绪都来源于不自信，怕忘记演讲内容。所以，第一步就是牢牢记住演讲的内容，可以写演讲稿来辅助记忆，但是，一定记住能够脱稿就一定脱稿。

第二，对着镜子练习自己演讲时的肢体语言和表情，学会表情管理，这也是演讲的一部分。

第三，要学会注视听众，去感受听众的感受。当你对自己要演讲的内容滚瓜烂熟时就可以有精力去聆听听众的感受，强化自己对听众回馈的感受，无论是听众的肢体回馈还是眼神回馈，都能帮助演讲者更好地调整演讲内容。

第四，练习随机应变能力。训练自己在演讲过程中可以根据听众的反应，及时调整，并且增加一些游戏的互动、问答的互动等，从而能够让你的演讲随心所欲，让你的演讲现场高潮迭起。

但是，提醒大家，在演讲的过程中要忘记套路、多些真诚，演讲中最重要的是保持真诚和利他之心，它是一切方法的根本。安东尼罗宾曾经说过，有的人的到来会点亮整个房间，而有些人离开之后房间才会明亮起来，希望你的演讲力会让大家的眼睛都会明亮起来。

◎应用环节

以部门例会为舞台，进行5~10人听众的演讲的训练。

练习3分钟即兴演讲。

◎应用感悟